QUELQUES

REMARQUES.

QUELQUES

REMARQUES

ETUDES SUR LA RESTAURATION DU CHANT GREGORIEN PAR M. TH. NISARD,

ET DU

PRECIS HISTORIQUE SUR LA RESTAURATION DES LIVRES DE CHANT GREGORIEN PAR Mgr ALFIERI ;

PAR

P. C. C. BOGAERTS Prêtre, et E. DUVAL.

« Nec forte dicat aliquis, nos hoc opus
» propter arrogantiam vel forte propter
» propriam tantum commoditatem incepisse,
» sed verè propter evidentem necessitatem. »

*In prologo Artis Cantus mensurabilis
editæ a Magistro Francone Parisiensi apud
Gerbertum, T. III. p. 2.*

MALINES.

TYPOGRAPHIE DE H. DESSAIN.

1856.

INTRODUCTION.

Au commencement de cette année, M. Vatar imprimeur à Rennes, fit paraître un ouvrage portant pour titre : *Etudes sur la restauration du chant grégorien au XIXe siècle, par Théodore Nisard*, vol. in 8° de 556 pages. L'auteur, comme il nous l'apprend lui-même dans son livre, est le même M. Nisard qui soigna l'édition du Graduel et du Vespéral Romains imprimée aussi chez M. Vatar en 1853, et celle qui parut à Paris en 1854-55 chez M. Adrien Le Clerc. Dans ses *Etudes*, il se propose de convaincre les érudits « que la plupart » des plans de restauration auxquels on veut soumettre » le chant grégorien depuis quelques années, offrent » tous les caractères d'un immense danger pour la re» ligion. » (p. viii.) A ses yeux nos éditions de Malines tombent dans cette catégorie ; pour leur lancer cette censure, il a dû naturellement les examiner et communiquer à ses lecteurs les motifs qui les lui font proscrire. Nous profitons des vacances pour répondre quelques mots à cette attaque qui nous arrive de la Bretagne, où la question du plain-chant, ou plutôt la question des livres choraux, semble depuis quelque temps se traiter avec une nouvelle ardeur. Car outre les *Etudes* de M. Nisard, le commencement de cette année vit éclore une nouvelle *Revue de musique ancienne et moderne*, dont l'auteur des *Etudes* est le rédacteur en chef, et dans laquelle le plain-chant ne reste pas tout-à-fait à l'arrière-plan. De plus, le *Bulletin* du N° 5 de cette *Revue*, annonçait au mois de Mai, comme sorti des presses de M. Vatar, le *Précis historique et critique sur la restauration des livres du chant grégorien, par Monsignor Pierre Alfieri, camérier secret de S. S. Pie IX.* etc. etc., brochure in 8° de 72 pages. Nous tenons à présenter au lecteur quelques réflexions sur tout cela; nous croyons même, que c'est l'unique moyen d'empêcher le public en France, de s'égarer dans l'opinion qu'il pourrait se former sur nous, sur M. Nisard, sur l'auteur du *Précis historique* et sur nos œuvres respectives. Nous disons *le public en France;* car il est plus que probable que la presque totalité de nos lecteurs en Belgique n'apprendra l'existence des *Etudes,* de la *Revue de musique ancienne et moderne* et du *Précis,* que par l'opuscule que nous leur offrons ici.

Le présent travail comprendra trois parties. Nous examinerons d'abord les opinions de M. Nisard sur le *Graduale* et le *Vesperale* édités à Malines depuis 1848. Ensuite nous nous permettrons à notre tour d'exprimer nos idées sur M. Nisard et sur ses éditions. Enfin nous verrons ce que c'est, à notre égard, que le *Précis historique,* et ce qu'il faut penser de la publication de cet opuscule.

OPINIONS DE M. NISARD SUR LES LIVRES CHORAUX
ÉDITÉS A MALINES.

1. Dans son VIIe chapitre, intitulé : *De la restauration du chant grégorien dans ses rapports avec les réformes proposées ou réalisées de nos jours*, l'auteur des *Études sur la restauration du chant grégorien au XIXe siècle*, examine l'édition du Graduel et du Vespéral Romains édités par nous à Malines en 1848. Après quelques compliments plus ou moins flatteurs pour l'un de nous, M. Nisard se demande, pag. 448 : « Pourquoi » donc M. Duval a-t-il échoué, selon nous, dans son » travail ? Pourquoi son œuvre est-elle, selon nous » encore, subversive de toute vraie restauration du » chant romain à notre époque ? » Il n'en faut pas davantage pour savoir ce que l'auteur des *Études* pense de nos travaux ; veut-on quelque chose de plus explicite encore, voici ce qui se lit à la page 451 : « Malgré » les bonnes choses que ces livres contiennent et dont » nous avons parlé dans le courant de ces *Études*, » nous trouvons, en notre âme et conscience, qu'ils » pèchent par la base, et nous les rejetons impitoya- » blement. » Nous allons laisser de côté les bonnes choses que M. Nisard veut bien trouver dans les livres de Malines, pour nous occuper uniquement des défauts de notre œuvre, ou plutôt du vice radical qui l'entache, et qui la place, à ses yeux, au nombre de celles que, page VIII de sa préface, il regarde comme offrant *tous les caractères d'un immense danger pour la Religion*.

On le voit, le Graduel et le Vespéral de Malines pèchent par leur base ; premier grief : et n'y eût-il que celui-là, c'est plus qu'il n'en faut pour que ceux qui acceptent sur parole les dires de M. Nisard, ne se donnent jamais la peine d'examiner ces livres par eux-mêmes. Outre cela, l'auteur des *Etudes* formule encore plusieurs autres torts qu'ont eus les éditeurs de Malines ; il les fait connaitre en différents endroits de son ouvrage selon que l'occasion s'en présente. Voyons d'abord quel est le péché originel de nos éditions ; examinons ensuite les autres méfaits dont M. Nisard nous trouve coupables, et tâchons de lui faire comprendre qu'il pourrait bien s'être aventuré un peu à la légère dans ce sentier d'affirmations peu fondées, de propositions hasardées et de jugements mal pesés, dont se compose presqu'uniquement l'acte d'accusation lancé par lui contre nos livres. Seulement nous prévenons le lecteur qu'il ne doit pas s'attendre à nous voir viser au brillant ; c'est à dessein même que nous l'écartons ; sous ce rapport nous n'avons aucune prétention quelconque. M. Nisard pourra donc trouver encore, (*Revue de musique ancienne et moderne*, pag. 25 du bulletin, février 1856), qu'on peut nous contester « l'éclat du style. » Nous concevons que l'on tâche d'éblouir par un style piquant, plus ou moins pittoresque, même un peu romantique, lorsqu'on n'a pas de choses bien solides à offrir. Mais comme nous ne nous trouvons pas dans cette pénurie de bonnes raisons, nous croyons pouvoir les présenter dans toute leur simplicité. Nous laissons donc l'éclatant à ceux pour qui *l'enseigne doit faire la marchandise*. Nous trouvant dans des conditions tout autres, nous préférons suivre le vieux dicton : *Vino vendibili opus non est suspensa hedera; A bon vin point d'enseigne;* d'autant plus que nous n'écrivons que pour cette classe de lecteurs qui prisent bien moins les paroles que les choses. *Rebus non verbis.*

I

2. Avant d'examiner ce que pense M. Nisard de l'édition du Graduel Romain, faite par ordre de Paul **V**

en 1614-1615, nous osons lui proposer la question suivante, et nous le prions d'être bien persuadé que nous la faisons très-sérieusement : M. Nisard a-t-il jamais vu le livre qu'on appelle l'édition de Paul V ? L'a-t-il vu du moins, avant de s'en occuper dans ses *Etudes ?* Nous avons plus d'un motif d'en douter ; et même, s'il faut s'en tenir à ce que M. Nisard a publié avant l'apparition de sa *Revue de musique ancienne et moderne* en 1856 (1), nous soutenons formellement que le livre de Paul V ne lui est jamais tombé entre les mains. Il n'y a pas bien longtemps encore, M. Nisard écrivait, dans un ouvrage très-sérieux d'ailleurs, que l'édition de Paul V a vu le jour à Venise. (Voir le *Dictionnaire de plain-chant* par M. d'Ortigue, imprimé chez Migne à Paris en 1854.). Or, tout le monde sait que l'édition de Paul V parut à Rome en 1614-1615. Et malgré cette étonnante bévue, que M. Nisard n'eût pas commise, s'il avait vu seulement la première page du livre, ou même si, sans avoir vu le livre, il avait lu seulement le premier écrit venu touchant cette célèbre édition ; malgré cette bévue, disons-nous, il nous apprend d'un ton doctoral, que cette édition *jouit d'une estime qu'il ne partage pas* (2). L'article où se lisent ces paroles, sort de la plume de M. Nisard, puisqu'il est signé de son nom. Que dirait de nous M. Nisard, si nous nous mettions en tête d'avancer qu'il y a beaucoup de légèreté dans ses *Etudes sur la restauration du chant Grégorien*, imprimées a londres ?

3. Dans le livre réel qui porte ce titre et qui est imprimé à Rennes, M. Nisard ne dit plus que l'édition de Paul V a vu le jour à Venise. Il y a donc du progrès sous ce rapport. Mais voilà que malgré ce progrès, les idées de M. Nisard sur les livres qui nous ont

(1) Ses *Etudes*, quoique portant la date de 1856, étaient sous presse dès le mois de novembre 1852, comme il le dit pag. 232, n° d'avril de la Revue.

(2) Voir le *Dictionnaire de plain-chant* etc., article Antiphonaire, colonne 140.

servi de base, s'embrouillent de plus en plus. Nous croyons avoir dit assez intelligiblement dans la préface de notre Vespéral, que nous nous sommes servis dans la confection de ce livre, d'éditions vénitiennes et d'une édition d'Anvers; (voir la préface du Vespéral page xv.); cela s'imprimait pour la première fois en 1848. Et aujourd'hui, en l'an de grâce 1856, l'auteur des *Etudes* dit en toutes lettres pag. 592, que les livres de Malines « ne » sont qu'une reproduction plus ou moins rigoureuse » du Graduel et de l'Antiphonaire de Paul V. » Si M. Nisard ne nous donnait pas lui-même, page 29, un extrait de la préface de notre Vespéral, nous serions peut-être autorisés à croire, que cette pièce n'a jamais eu non plus l'honneur d'être lue par lui ; il faut croire (et c'est encore ce qu'il y a de plus charitable) qu'en France on lit parfois bien vite et bien superficiellement. Au surplus, nous croyons que M. Nisard serait très-embarrassé de nous dire, où et en quelle année a été imprimé l'Antiphonaire de Paul V. Quant à nous, nous n'en avons pas trouvé de trace nulle part.

4. Nous demandons donc encore une fois à M. Nisard, s'il a jamais vu l'édition de Paul V, et si ce ne sont pas peut-être nos *Etudes sur les livres choraux* qui lui ont appris pour la première fois, que nous avons adopté pour base de notre Vespéral, non pas l'Antiphonaire de Paul V, être chimérique n'existant que dans la tête de M. Nisard, mais l'Antiphonaire de Venise de 1579-1580, comparé avec d'autres éditions ? La solution de cette question préliminaire est de telle nature que, rigoureusement parlant, elle pourrait nous dispenser d'aller plus loin dans notre discussion avec M. Nisard.

Tout le monde sent dès maintenant tout ce qu'il y a d'étonnant, disons mieux, tout ce qu'il y a de vraiment comique dans la position de M. Nisard, lorsqu'il s'écrie (*Etudes* page 451) : « Tel est le point de départ de notre » critique à l'endroit des livres de chant romain édités » par l'estimable M. Duval ; malgré les bonnes choses

» que ces livres contiennent, et dont nous avons parlé
» dans le courant de ces *Etudes*, nous trouvons , en
» notre âme et conscience , qu'ils pèchent par la base,
» et nous les rejetons impitoyablement. » La base dont
parle ici M. Nisard est *l'édition commandée par Paul V*,
comme il l'appelle quatre lignes plus haut ; et nous venons de voir que, loin d'avoir examiné cette édition,
en 1854 il ne savait pas même si c'était une édition
de Rome ou de Venise ; dans ses *Etudes* qui portent
la date de 1856, il ignore encore que, ce que tout le
monde a appelé jusqu'ici l'édition de Paul V, n'est
qu'un Graduel, tandis que, lui, M. Nisard en fait un
Graduel et un Antiphonaire. Mais enfin tout cela a son
bon côté ; nous savons maintenant, quelles sont les recherches sérieuses, quelles sont les études approfon-
dies, quelle est l'exactitude scrupuleuse de M. Nisard,
lorsqu'il porte un jugement *en âme et conscience.*

Mais supposons donc que M. Nisard , en écrivant les
Etudes, fût fort au courant de ce dont il parle ; supposons
qu'il sût que c'est à Rome que l'édition de Paul V a été
imprimée ; supposons qu'il sût que notre Vespéral n'est
pas basé sur une édition romaine, mais sur des éditions
Vénitiennes , surtout et en premier lieu sur l'édition
de Liechtenstein de 1579-1580 ; supposons en outre que
M. Nisard eût étudié et approfondi ces deux ouvrages ,
car c'est bien le moins qu'on peut exiger d'un juge si
tranchant ; et dans toutes ces suppositions, voyons quels
griefs l'auteur des *Etudes sur la restauration* formule
contre nos livres et contre ceux qui nous ont servi de
guide.

5. Notre édition est donc d'abord une œuvre mauvaise
parce qu'elle pèche par la base, c'est-à-dire, parce que
l'édition du Graduel imprimé à Rome par ordre de Paul V,
est une œuvre vicieuse. M. Nisard nous dit page 392,
qu'il a *démontré le vice profond* de cette édition *dans le
premier chapitre de ses Etudes.* Voilà qui est bien catégorique ; ouvrez ce premier chapitre, lisez-le d'un bout
à l'autre, et vous serez convaincu que l'édition de

1.

Paul V est profondément vicieuse. Nous disons *con-vaincu*, parce que M. Nisard nous renvoie à une *démon-stration*. Les deux seuls endroits où M. Nisard parle de l'édition de Paul V dans son premier chapitre, sont les deux suivants. Page 20 et 21 il dit : « Je pourrais
» citer ici les décisions de plusieurs conciles qui ont
» ordonné, au xvie siècle, d'abréger les chants liturgi-
» ques (1). Loin de s'élever contre ces décisions, Rome
» les a sanctionnées en consacrant, par exemple, la
» suppression d'une grande partie du texte primitif des
» *Introïts*, des *Offertoires* et des *Communions*. On sait
» que Paul V chargea Roger Giovanelli de publier une
» nouvelle édition du *Graduel* qui parut, en deux volumes
» in-folio, dans le courant des années 1614 et 1615. Or
» le chant y est tellement abrégé, qu'il n'offre qu'un
» véritable *squelette* des mélodies grégoriennes, et le
» plus souvent même c'est une sorte de plain-chant qui
» ne ressemble à rien. Mais Rome voulait remédier à
» la longueur des offices liturgiques, et l'œuvre de Gio-
» vanelli sortit de l'imprimerie des Médicis avec cette
» inscription : » *Juxta ritum sacrosanctæ Romanæ*
» *Ecclesiæ, cum cantu Pauli V pontificis maximi jussu*
» *reformato :* » Si, comme cela est évident et malgré tout
» ce que l'on peut dire de contraire, Giovanelli n'a pas
» été à la hauteur de sa mission difficile, il n'est pas
» moins évident qu'*un plan général* lui avait été tracé
» par l'autorité pontificale elle-même. Qu'était-ce que ce
» plan ? que pouvait-il être ? sinon l'abréviation des
» cantilènes de la liturgie. Est-il présumable que l'artiste
» eût entrepris cette grande *moisson de notes*, si le Pape,
» lui mettant une faux entre les mains, ne lui avait
» pas dit : « *Allez, faites tomber les épis qui se pressent*
» *trop !* » Seulement Giovanelli est allé trop loin, et c'est

(1) Un concile tenu à Reims, en 1564 , dit formellement :
« *Abbrevietur cantus, quantum fieri poterit, quando super unam*
» *syllabam aut dictionem plures sint notulæ quam par sit.* » Un
autre concile tenu dans la même ville, en 1583, ordonne la
même chose presque dans les mêmes termes. *Note de M. Nisard.*

» là son unique tort. Quant à la conduite de Paul V,
» en cette circonstance , la science humaine n'a rien à
» y voir : en matière de discipline, le rôle de l'Eglise
» est souverain et doit être respecté. On peut, au point
» de vue archéologique, trouver très-beaux des passages
» comme celui-ci, supposé qu'il soit authentique :

» On peut, dis-je, s'écrier avec Baini : « *Il y a , dans*
» *l'ancien chant grégorien, un je ne sais quoi d'admirable*
» *et d'inimitable , une finesse d'expression indicible , un pa-*
» *thétique qui touche, un naturel élégant et facile, toujours*
» *frais, toujours nouveau, toujours fleuri, toujours beau ,*
» *qui ne se fane pas, qui ne vieillit point...*»Tout cela est
» vrai, profondément vrai, bien qu'on le dise sans trop
» savoir de quoi l'on parle; mais au point de vue pra-
» tique, usuel, il s'agit de savoir si toutes ces belles tira-
» des de notes vont à nos mœurs, et si l'Eglise n'a pas
» eu de bonnes raisons pour les supprimer ou les laisser
» supprimer dans tous les livres de chant du rit romain.
» Là est toute la question. »

Plus loin, page 25, après avoir appelé l'attention sur ce
qu'il appelle des coupures régulières, et en avoir donné
des exemples pris dans les éditions de Reims-Cambrai,
Grenoble, Lyon, Rennes et Dijon, il ajoute : « Il n'en est
» pas de même de la version qui existe dans la nouvelle

____

(1) *Graduale Romanum* de Reims et de Cambrai, 1851, p. 300.
Note de M. Nisard.

» édition du *Graduale romanum* de Malines, publiée par
» M. Duval en 1848, d'après celle de Giovanelli; là, les
» abréviations ne se rattachent à rien et sont de pure
» fantaisie. »

6. C'est donc dans ces deux passages qu'il faut trouver la démonstration du vice profond de l'œuvre de l'éditeur romain. Nous demandons maintenant à nos lecteurs, s'il y a dans ces deux endroits quelque chose qui ressemble de loin ou de près, à ce qu'on pourrait appeler une démonstration, quelque chose qui ait l'air d'une preuve quelconque.

Dans le premier de ces passages, M. Nisard a le mauvais goût et le malheur d'appliquer à l'édition de Rome la qualification de *squelette*. Probablement a-t-il lu ce trait d'esprit dans les élucubrations de M. Céleste Alix, ou dans une brochure posthume du R. P. Lambillotte. Voici ce que nous disions en réponse à ce dernier opuscule, sous la date du 10 juin 1855 : « Du reste, l'expression de *squelette* du
» chant grégorien, n'appartient en propre ni aux mem-
» bres de la commission rémo-cambrésienne, ni à beau-
» coup plus forte raison au P. Lambillotte. Celui qui l'a
» employée, longtemps avant que le R. P. eût seulement
» songé à s'occuper de chant grégorien, s'appelle Joseph
» Baini. L'illustre directeur de la chapelle pontificale ap-
» plique cette qualification à quelques éditions particu-
» lières (page 120 de ses Mémoires sur Palestrina,
» vol. II.). Malheureusement pour le R. P. Lambillotte
» et pour M. Céleste Alix, qui croient pouvoir en faire
» usage pour toutes les éditions d'Italie et surtout pour
» l'édition romaine de 1614, l'abbé Baini n'autorise pas
» cette généralisation. Bien au contraire, il excepte de ce
» jugement sévère plusieurs éditions, et parmi ces plu-
» sieurs éditions, il met en première ligne le Graduel de
» 1614. Voici ses propres paroles : « *In alcune edizioni*
» *vedesi essere stata cotale operazione eseguita a rimpetto*
» *de' codici; et è manco male, perchè vi rimane nelle*
» *melodie il sapore, e l'estratto delle antiche. Fra tutte*
» *le edizioni cosi fatte io pregio quella del* 1614, *eseguita*

9

» *d'ordine de Paolo V. per la stamperia Medici in Roma ,*
» *in due volumi in folio stragrande.* » (1)

Mais quand même l'auteur des *Études* eût dit là une
vérité, il n'y aurait pas encore pour cela l'ombre d'une
démonstration ; il lui resterait à prouver cette vérité,
pour pouvoir s'écrier plus tard : *j'ai démontré.* Que dirait-
on d'un géomètre qui renverrait dans son livre à la *démonstration* de telle proposition antérieure, qu'il n'aurait
pas démontrée, mais seulement énoncée ? Posons donc
même en fait que M. Nisard ait dit vrai en appelant notre
chant un squelette, son assertion ne serait encore qu'une
proposition toute gratuite que nous n'aurions qu'à nier
pour la réfuter. Elle ne prouverait donc rien contre nous.
Maintenant, qu'elle est le résultat d'une grossière méprise, comme nous venons de le faire voir, elle ne fait que
prouver contre M. Nisard lui même.

7. Le second fantôme d'argument que présente le
même passage est celui-ci : « Malgré tout ce que l'on peut
» dire de contraire, il est évident que Giovanelli n'a pas
» été à la hauteur de sa mission difficile. » Ces paroles
peuvent décéler une grande force de conviction dans M.
Nisard ; mais tout le monde avouera que, lorsque pour
prouver une chose on en est réduit à dire qu'elle est *évidente*, on a mauvaise grâce de venir se vanter, à quelques centaines de pages plus loin, d'avoir démontré cette
vérité ; surtout lorsque les autres arguments qui précèdent ou suivent cet appel à l'évidence, n'ont rien de plus
concluant, ou plutôt sont encore bien moins concluants.
Car enfin dans toute cette soi-disant démonstration, ce
recours à l'évidence, malgré son impuissance absolue à
prouver quoi que ce soit, est encore ce qu'il y a de plus
respectable. Nous savons répondre, dire au moins un

---

(1) « Dans quelques éditions la correction paraît avoir été faite
d'après les manuscrits, et à la bonne heure ; parce que là on a
conservé dans les mélodies la saveur et l'essence de l'antiquité.
Parmi toutes les éditions de cette dernière catégorie, je préfère
celle de 1614 , éditée par ordre de Paul V, dans l'imprimerie des
Médicis à Rome en deux volumes, grand in-folio. »

mot, sur le malencontreux argument du squelette, et sur le tableau par trop grotesque du Pape mettant la faux à la main de Giovanelli. Mais lorsqu'on vient vous dire : *tel livre est mauvais parce que cela est évident*, il n'y a rien à répondre, il n'y a qu'à porter la main à son chapeau, tirer sa révérence et passer outre.

8. Le troisième argument a une teinte fort poétique. Il nous transporte en pleine campagne, et nous fait assister à la scène de Giovanelli faisant tomber les épis sous les coups redoublés de la faux que Paul V lui avait mise dans la main. L'auteur en tire deux conclusions : 1° que Giovanelli avait *un plan général;* et nous sommes heureux de pouvoir lui dire qu'ici nous sommes parfaitement d'accord avec lui; nous croyons comme M. Nisard, que l'auteur de l'édition de Paul V, qu'il s'appelât Giovanelli ou n'importe comment, a eu vraiment un plan général dans ses éliminations. 2° *Giovanelli est allé trop loin, et c'est là son unique tort*, dit M. Nisard. Il nous permettra de lui faire remarquer, que c'est là précisément toute la question; et comme nous le disions à l'instant, cette question ne se prouve ni ne se tranche par une simple affirmation.

Le reste de ce premier passage prouve plutôt en notre faveur, et ce n'est qu'une espèce de justification de Paul V et de l'édition faite par ses ordres. Soyons généreux à l'égard de M. Nisard; ne commentons pas ces paroles, et passons à l'autre tirade. Elle se réduit à dire que les *abréviations, dont il y est question, ne se rattachent à rien et sont de pure fantaisie.* Encore une fois, cela s'appelle-t-il démontrer? ou bien, n'est-ce pas plutôt jeter en l'air des mots sonores, des exclamations à effet, mais qui restent toujours à l'état d'exclamations, sans que rien au monde vienne en prouver l'exactitude? Du reste nous reviendrons plus bas sur l'exemple *Oculi tui*, cité dans cet endroit; nous y reviendrons, non pas pour réfuter l'argument présent de M. Nisard, car il se contente d'affirmer sans rien prouver; mais pour montrer de notre côté que l'exemple cité se rattache bien à quelque chose, et que loin d'être l'œuvre d'un *fantaisiste*, il dénote dans l'abré-

viateur romain un grand sens, un tact exquis et une méthode des plus intelligentes d'éliminer les notes parasites
des anciens manuscrits; sous ce rapport comme sous
bien d'autres, nous nous félicitons de lui avoir donné la
préférence sur tous les autres éditeurs.

Nous savons déjà, comment M. Nisard s'y prend,
lorsqu'il juge en *âme et conscience;* il vient de nous
montrer maintenant quelle est sa manière de donner
une *démonstration.*

9. Mais, va nous dire M. Nisard, « je ne m'en tiens
» pas seulement à des affirmations sans preuve, lorsque
» je condamne l'édition de Paul V. Vous avez eu l'art
» de présenter à vos lecteurs tout d'abord un passage
» pris dans mon livre, passage où je ne fais qu'énon-
» cer en gros le résultat de mes études; vous l'avez
» fait passer comme si c'était là proprement mon argu-
» mentation, et vous ne dites rien des preuves pé-
» remptoires que renferme le reste de mon livre.
» Avouez Messieurs, que vous employez là un procédé
» qui n'est pas très-loyal. » D'abord, M. Nisard, nous
venons d'extraire de votre premier chapitre les deux
seuls passages où vous parlez de l'édition de Paul V
dans ce chapître, et nous les présentons comme si c'était
là proprement votre argumentation, puisque vous nous y
renvoyez, page 592, comme à une démonstration. Mais
voyons; avez-vous des preuves plus concluantes dans le
reste de votre livre ? Nous allons tâcher de les mettre
sous les yeux du public et nous le laisserons juge de
leur valeur.

10. Page 451 des *Etudes* nous lisons : « Et pour
» mettre nos lecteurs à même de comprendre combien
» leur adoption (des livres de Malines) consacrerait une
» innovation fatale à l'art grégorien, il suffira de citer
» ici un exemple emprunté à l'édition de M. Duval, et
» de le mettre en regard du chant liturgique adopté en
» France depuis le concile de Trente. Dans l'œuvre de
» M. Duval, tout est moderne, et rien ou presque rien
» ne se rattache à l'ancien fond mélodique : dans nos

» vieux livres, le chant est abrégé sans doute ; mais,
» en consultant les plus anciens manuscrits, il est facile
» de constater que tout y dérive de la formule grégo-
» rienne, et que, s'il y a des coupures, celles-ci peuvent
» se justifier et se comprendre.

» Citons, au hasard, l'introït du premier dimanche
» de Carême.

» En voici le chant dans l'édition de M. Duval :

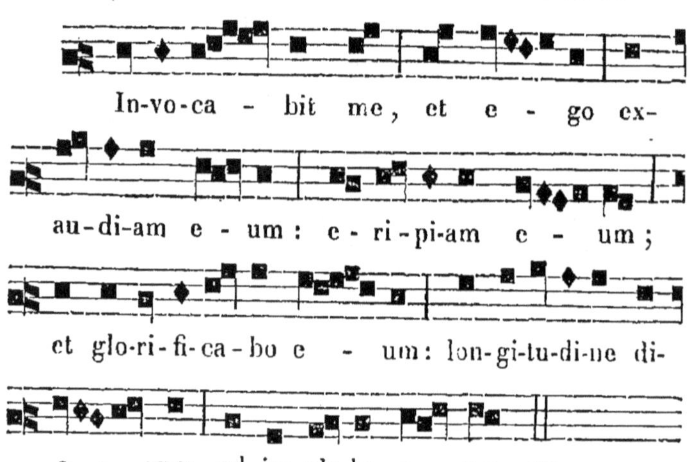

Puis, suit ce même introït d'après les éditions de
Rennes 1853, de Paris 1854-55, de Lyon 1681, de
Grenoble, in-4°, 1730, du *Gradvale secundum vsum
sacri Ordinis Cartusiensis*, manuscrit de 1615, appartenant à M. Nisard, et du Graduel de *Reims-Cambrai*.
Ensuite l'auteur continue page 454 : « Je ne veux pas
» insister davantage ; mes lecteurs ont, dans ce qui
» précède, assez de monuments sous les yeux, pour
» suivre sans peine le raisonnement que je vais leur
» soumettre, et dont la conséquence immédiate s'ap-
» plique à l'édition de M. Duval.

» Qu'on veuille bien se rappeler l'assertion que j'ai
» avancée au début de cette critique.

» J'ai dit et soutenu que les abréviations mélodiques
» de l'édition de Paul V, reproduites par M. Duval , ne
» reposent sur aucun monument ancien, tandis que
» nos vieilles éditions françaises et belges satisfont à la
» volonté qu'a eue l'Eglise d'abréger ou de laisser abré-
» ger le chant liturgique, en respectant en même
» temps *l'élément traditionnel* de ce chant avec un en-
» semble que l'on ne saurait assez admirer.

11. De tout ceci il ressort que M. Nisard rejette l'é-
dition de Paul V, parce que tout y est moderne, parce
que dans ce livre rien ou presque rien ne se rattache
à l'ancien fond mélodique; tandis que dans les *vieux
livres* français tout dérive de la formule grégorienne.
Remarquons d'abord qu'il est plus ou moins facétieux
de vouloir appeler les livres français de *vieux* livres ,
et d'accoler le nom de *moderne*, non pas précisement à
l'édition commandée par Paul V, mais au chant qu'elle
contient, ce qui pour le lecteur peu attentif revient au
même. L'édition de Paul V vit le jour en 1614 - 15 , et
de toutes les éditions françaises que cite ici l'auteur des
Etudes, aucune n'est antérieure à cette date; la plupart
sont postérieures; il n'y a que le manuscrit de Montpellier qui soit plus ancien. Nous attachons peu d'importance à cette antithèse de nouveauté et d'ancienneté
que M. Nisard établit entre le chant de l'édition romaine et *nos vieux livres*, comme il les appelle , antithèse qu'il promène pour ainsi dire à travers son ouvrage d'un bout à l'autre; nous la relevons seulement,
parce que c'est un de ces petits artifices dont use l'auteur, pour prédisposer le lecteur à recevoir favorable-
ment ce dont il veut le persuader.

12. Quant à la question en elle-même, nous répon-
dons tout bonnement que la version de notre édition
diffère effectivement assez de celles que cite M. Nisard;
mais nous ajoutons que la différence de leçon entre
l'introït *Invocabit me* de l'édition romaine, et ce même
introït des livres cités par l'auteur des *Etudes*, ne prouve
aucunement que l'édition de Paul V ne se rattache pas

à l'ancien fond mélodique. Il est bien certain que l'auteur de cette édition était mille fois plus en position de connaître l'ancien chant de cet introït, que qui que ce soit au monde, puisqu'à Rome il avait tous les moyens de consulter cette masse de documents que renferment les bibliothèques de la ville sainte, documents qui, à raison de leur antiquité, de leur nombre, et des différents pays dont ils proviennent, ont un tout autre poids que ce qu'on veut bien appeler *nos vieux livres*. De plus, il avait à sa disposition les archives de la chapelle pontificale, qui contiennent une collection remarquable de livres de plain-chant antérieurs à l'époque de l'édition commandée par Paul V; et il est plus que probable que celui que le pape chargea du soin de son Graduel, aura eu toute facilité d'accès à ce précieux dépôt, surtout si l'on admet que le réviseur fût Ruggiero Giovanelli, agrégé au collége des chapelains-chantres dès 1599.

13. Comme on le voit, l'auteur des *Etudes* raisonne comme s'il suffisait de consulter *nos vieux livres* (que nous sommes cependant loin de mépriser), pour obtenir un chant qui se rattache à l'ancien fond mélodique. Et puisque l'occasion s'en présente ici, nous ferons remarquer en passant que, quoi qu'il n'y ait que deux variantes entre les deux versions de l'introït *Invocabit me* des deux éditions de livres choraux soignées par M. Nisard, la première est assez importante, pour qu'elle étonne de la part d'un même éditeur. Voici les deux morceaux :

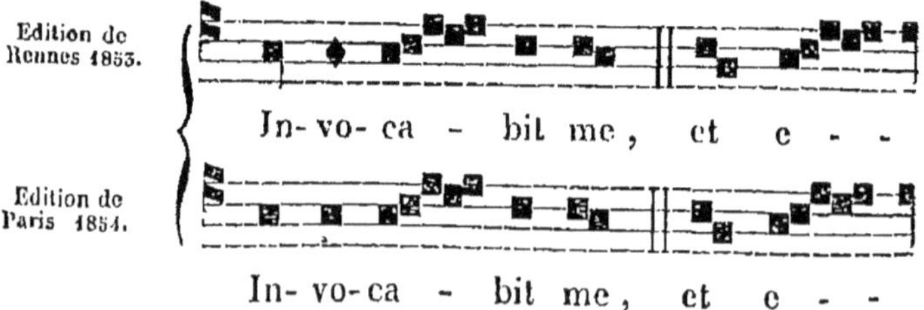

Dans l'édition de Paris, on a évité la relation de triton qui aurait lieu sur les paroles *eripiam eum*, par l'emploi du bémol au *si*. Ce bémol n'apparaissant pas dans cet endroit de l'édition de Rennes, il faut croire qu'on y remédie en diésant le *fa* dans l'exécution. Probablement l'éditeur s'excusera-t-il en disant qu'à Paris on a voulu faire éviter la relation de triton dans le VIIIe mode, en employant le bémol au *si*, et qu'à Rennes on évite cette fausse relation en employant le dièse au *fa*. Nous aurons plus loin l'occasion de faire remarquer, que, tant l'édition de Rennes, que celle de Paris, est sur ce point en contradiction avec elle-même, et que l'emploi du bémol au *si* sert quelquefois à Rennes comme à Paris, à éviter la relation de triton, de même l'absence du bémol au *si* à Paris, fait croire que de temps à autre on y évite, comme à Rennes, la relation de triton par l'emploi du dièse au *fa*. Ceci nous met devant un phénomène assez difficile à expliquer, et qui, s'il se rattache à l'ancien fond mélodique, nous ferait soupçonner que ce fond traditionnel n'est pas toujours resté le même.

14. Mais retournons au premier chapitre des *Etudes*; extrayons-en tout ce qu'il contient de preuves contre l'édition de Paul V; peut-être y trouverons-nous quelque chose de plus fort que ce que nous avons eu jusqu'ici. Le second passage, (p. 25) dont nous avons parlé plus haut, a l'air de faire voir l'arbitraire et la fantaisie dans la manière dont l'éditeur du Graduel de 1614-1615 a abrégé le chant des paroles *Oculi tui*. Ces paroles avec leur chant appartiennent au graduel du jeudi après le premier dimanche de Carême. L'Eglise y adresse à Dieu cette prière : *De vultu tuo judicium meum prodeat : oculi tui videant æquitatem.* Le mot *tui*, dans les anciens manuscrits a d'assez longues vocalises, que les éditions postérieures ont abrégées. M. Nisard donne la version des éditions de Grenoble, de Lyon, de Rennes, et de Dijon, et lui oppose celle de Malines d'après l'édition Romaine de 1614-1615, dont les abréviations *ne se rattachent à rien*, dit-il, *et sont de pure fantaisie.*

Pour que l'on puisse juger, s'il y a plus de fantaisie dans l'édition de Malines que dans les éditions françaises citées par M. Nisard, voici un petit tableau donnant le chant des mots *Oculi tui*, 1° d'après une traduction conjecturale du manuscrit de S. Gall (1) ; 2° d'après l'extrait de l'édition Rémo-Cambrésienne donné par M. Nisard ; 3° d'après l'édition de Rennes de l'année 1853 soignée par M. Nisard lui-même, et, quant à ce passage, conforme aux éditions françaises citées par lui ; 4° d'après l'édition de Malines conforme à celle de Paul V. Voici ce tableau :

(1) Nous disons *conjecturale*, parce que jusqu'aujourd'hui nous en sommes encore tous à ne pouvoir donner avec certitude que le nombre de notes des manuscrits notés sans lignes, ni lettres ni couleurs. Notre traduction est basée sur les diverses interprétations que nous trouvons dans les manuscrits lisibles et dans certaines éditions, ainsi que sur la supposition que ce graduel est du Ier mode.

(2) L'édition de Paris de 1854-55, également soignée par M. Nisard, est *pour cette phrase* conforme à celle-ci. (Voyez page 277.) Nous disons *pour cette phrase;* car lorsqu'on compare dans les deux livres la mélodie de ce graduel, on y trouve *dix* variantes mélodiques, ni plus ni moins. Ceci amoindrit d'une singulière façon *l'élément traditionnel* que selon Mr Nisard (*Etudes, page 453*) les *vieilles éditions françaises et belges* respectent *avec un ensemble que l'on ne saurait assez admirer.*

(3) Au lieu d'une clef de *fa* sur la 3° ligne, nous avons, pour la facilité du lecteur, employé ici une clef de *fa* sur la 2° ligne.

2.

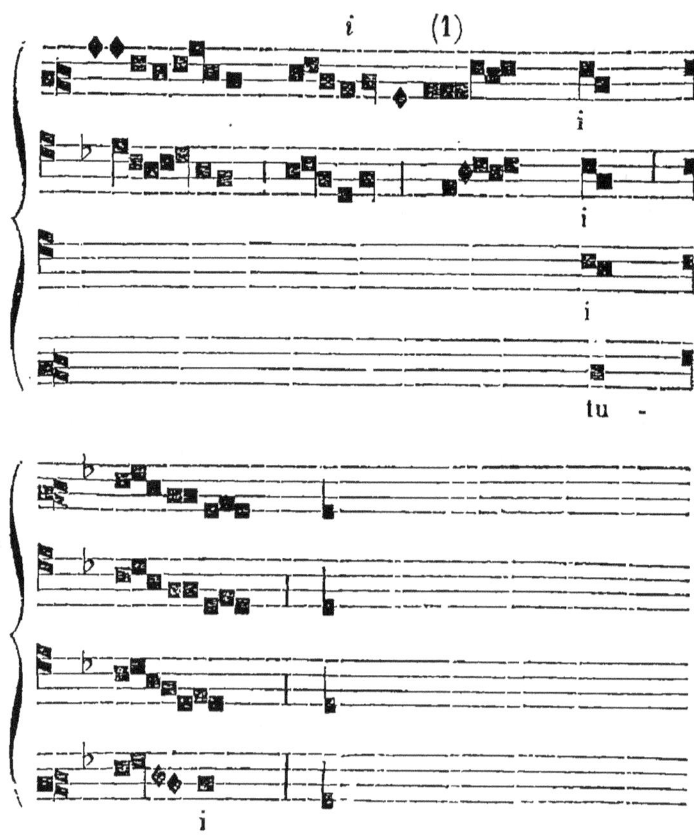

15. D'abord, quant au dessin mélodique du mot *oculi*, que les manuscrits cités ne chargent que de cinq notes, c'est bien l'édition de Malines qui, avec celle de Rome,

(1) Nous nous occupons dans nos moments de loisir à traduire conjecturalement le *fac-simile du manuscrit de S. Gall*, dont nous avons déjà interprété de cette manière à peu près 150 morceaux. Dans ce long travail nous avons cru remarquer que la première note du *quilisma*, sur dix fois se trouve au moins neuf fois représentée par un *mi* ou par un *si* dans les manuscrits lisibles et dans certaines éditions. Nous signalons ce point à l'attention des musicistes-archéologues. Déjà en 1853 M. Tardif, dans son *Essai sur les neumes*, avait fait une re-

l'abrége le mieux, et lui conserve le plus son sens musical; tandis que l'édition de Rennes de 1853, ainsi que celle de Paris 1854-55, l'ont surchargé de nouvelles notes, puisqu'elles en ont porté le nombre de cinq à huit. Et c'est probablement là la raison pour laquelle M. Nisard ne donne des éditions de Grenoble, de Lyon, de Rennes et de Dijon, que la mélodie du mot *tui*. Il a senti lui-même que sans cette petite suppression, l'exemple choisi pouvait lui faire naître des embarras. On aurait pu lui demander, pourquoi sur ce mot *oculi* les éditions de Rennes et de Paris, d'accord sans doute avec les *Vieilles éditions françaises*, ont là huit notes, tandis que les manuscrits, dont ces éditions respectent selon M. Nisard *l'élément traditionnel*, n'en ont que cinq ?

Quant à la version de Malines du mot *tui*, il serait curieux de savoir, pourquoi elle ne se rattache à rien, puisque le groupe qu'elle présente sur ce mot, se trouve dans les manuscrits, comme on peut le voir dans notre petit tableau. Le dessin mélodique de l'édition de Malines figure tout entier dans les anciennes versions, et par conséquent s'y rattache bien certainement. Si le correcteur romain a supprimé le dernier neume composé de trois notes, c'est là précisément, comme nous le disions plus haut, qu'il montre un tact exquis et beaucoup d'intelligence. En effet, cette cadence sur le *ré*, finale du mode, que donnent ici les manuscrits, cadence si tranchée dans le cas présent, et qui, par la manière dont elle se fait, a un air de repos, cette cadence suppose qu'il y a aussi un certain repos littéraire dans le texte après le mot *tui*, et que ce mot clôture au moins un membre de phrase. Or rien de semblable n'a lieu ; les mots *Oculi tui* ne sont que le sujet logique de *videant æquitatem*, et leur ensemble ne constitue qu'une seule proposition grammaticale. C'est ce que l'éditeur romain

marque analogue pour le *pressus*, signe qui d'après lui représente toujours la note *fa* ou la note *ut* ; et en effet nous avons été heureux de vérifier l'exactitude de sa découverte par nos études sur le manuscrit de S. Gall.

a selon nous parfaitement bien saisi ; et par la suppression de ces trois notes finales, la mélodie appelle une suite, comme le sujet *Oculi tui* appelle le reste de la proposition , *videant æquitatem.*

Maintenant nous redemandons de nouveau : Comment M. Nisard peut-il dire que notre version ne se rattache à rien ? Comment peut-il dire qu'elle est de pure fantaisie ? Des éditions que M. Nisard doit trouver bonnes, se rattachent à l'élément traditionnel selon lui, et cependant nous y avons trouvé sur le mot *Oculi* des choses que le monument Rémo-Cambrésien , posé par lui comme source traditionnelle, ne contient pas. Or le correcteur romain qui a dirigé l'édition de Paul V, ne donne absolument dans son chant abrégé que ce qui est contenu dans les sources , même dans le chant Rémo-Cambrésien ; et M. Nisard ne craint pas de nous dire qu'il ne se rattache à rien ? que son œuvre est une œuvre de fantaisie ?

16. Mais cette singulière logique ne surprendra aucunement, lorsqu'on saura, comment M. Nisard s'arrange dans les questions de faits historiques.

Tout le monde sait qu'après la réforme du Bréviaire et du Missel opérée en exécution d'un décret du Concile de Trente , Pierluigi de Palestrina avait été chargé par Grégoire XIII de la réforme des livres de plain-chant, pour les mettre d'accord avec le Missel et le Bréviaire. Mais l'illustre artiste n'avait pu terminer son œuvre, et même on ne pouvait se procurer ce qu'il en avait achevé. Les modifications ultérieures apportées au Bréviaire par Clément VIII , firent penser de nouveau à donner enfin une nouvelle édition des livres de chant. C'est ce que Paul V fit exécuter pour le Graduel. L'on croit généralement que ce fut Ruggiero Giovanelli, successeur de Palestrina dans la place de maître de chapelle à la basilique du Vatican, homme d'un grand génie selon Baini, et très-versé dans la science du chant grégorien, qui fut choisi pour soigner ce travail. Quoique prête en manuscrit depuis 1608, l'édition ne parut qu'en 1614

pour la partie *de tempore*, et en 1615 pour celle *de Sanctis*, c'est-à-dire pour le Propre et le Commun des Saints. C'est donc là un livre de chant fait par ordre d'un Pape, en ce qui concerne le chant même, comme l'indique le titre : *Graduale de tempore juxta ritum sacrosanctæ Romanæ Ecclesiæ cum cantu Pauli V Pont. Max. jussu reformato*, etc. (1). De tout ceci M. Nisard convient avec tout le monde, comme on a pu le voir plus haut page 6. Mais toute la suite de l'histoire de ce livre, il l'arrange à sa façon ; il en cause très-cavalièrement sans citer aucun auteur, aucune source ; et soit ignorance, soit tactique, il amuse son lecteur en lui servant un mélange de traits qui visent à l'esprit, de paroles en l'air, de critiques patelines et doucereuses, d'assertions magistralement soutenues, et cependant plus d'une fois sans suite logique, le tout bâti sur la chose qui n'est pas. Voici un exemple de cet étrange moyen de succès : « Enfin
» le travail ordonné par Paul V, abandonné depuis par
» Rome elle-même, et remis en honneur dans ces der-
» nières années par M. Duval, nous donne l'élément
» qui ne repose que sur la pure fantaisie et n'offre à
» l'érudit et au catholique aucun lien rattachant le pré-
» sent au passé.

» La thèse est claire ; elle a d'autant plus de force,
» que l'esprit de catholicisme, en tout et partout, s'op-
» pose, comme un rempart d'airain, à ce qui est *pure*
» *nouveauté à l'usage du culte.* L'Eglise veut bien et
» désire même *un sage progrès*, mais elle repousse essen-
» tiellement *toute innovation radicale.* S'il en était autre-
» ment, elle serait au niveau des passions humaines, —
» ce qui est inacceptable à tous les points de vue
» possibles.

» Hé bien ! la question étant ainsi posée, on peut
» admettre que les nouveaux livres de chant romain à
» l'usage de l'archidiocèse de Malines, sont le fruit d'une

____

(1) Le second volume porte : *Graduale de Sanctis juxta ritum sacrosanctæ Romanæ Ecclesiæ, cum cantu Pauli V Pont. Max. jussu reformato*, etc.

» entreprise conduite avec toute la conscience et toute
» l'habileté désirable, mais il devient évident que ces
» livres sont un *non-sens* qui doit finir par être repoussé
» en Belgique, comme il a été repoussé à Rome par
» Paul V lui-même. L'intelligence la plus vulgaire n'a
» pas de peine à comprendre qu'il n'y a rien de grégo-
» rien, rien de traditionnel, dans des mélodies qui ne
» contiennent, çà et là, que deux ou trois bribes de
» l'ancien chant, et dont l'ensemble forme une collection
» de cantilènes fort discutables, puisqu'elles sont presque
» toutes écloses sous l'inspiration moderne se substituant
» à tous les souvenirs, à tous les faits antérieurs.

» Donc, l'œuvre de M. Duval ne reproduit pas le *chant
grégorien.*

» Elle ne reproduit pas, non plus, le *chant romain*,
» en supposant qu'il y ait un *chant grégorien* et un *chant
» romain* absolument distincts l'un de l'autre, puisque
» Paul V n'a pas donné de suite à l'édition qui avait été
» entreprise par son ordre, et que ses successeurs, loin
» de prescrire l'usage de cette édition, ne l'ont point
» même tirée du profond oubli où elle est tombée depuis
» longtemps.

» Si d'ailleurs l'édition de Paul V était le dernier mot
» de Rome, en matière de chant liturgique, la question
» de la réforme du chant grégorien cesserait d'être
» opportune. On pourrait dire : *Roma locuta est, causa
» finita est*, et, par suite de cette décision suprême, les
» anciens manuscrits deviendraient inutiles, les tradi-
» tions mélodiques de l'Eglise cesseraient d'exister, le
» plain-chant ne serait plus que de mauvaise musique
» moderne, M. Duval aurait raison, tout le monde
» pourrait cependant le contester, et l'autorité religieuse
» ouvrirait, à deux battants, la porte du sanctuaire à
» toutes les excentricités dont l'art fourvoyé peut se
» rendre coupable.

» Certainement, ce n'est pas cela que veut M. Duval,
» et, le voulût-il par impossible, l'Eglise s'y opposerait.
» Monseigneur l'archevêque de Malines ne tardera pas

» à s'en apercevoir, si déjà cet excellent et très-zélé prélat
» ne s'en est pas encore aperçu. » (Page 455 et 456).

17. Où M. Nisard a-t-il appris que *le travail ordonné
par Paul V, a été abandonné depuis par Rome?* Jusqu'à
nos jours, chaque fois qu'à Rome il y a eu question de
se prononcer sur la valeur de telle ou telle édition du
Graduel, c'est toujours l'ouvrage de Paul V dont on a
fait ressortir le mérite, et que l'on préférait à tout autre.
Nous avons rapporté plus haut, p. 8, les paroles de
l'illustre Baini, de l'homme de notre temps qui sur cette
matière savait le plus et le mieux, comme le dit M.
Adrien de la Fage (*De la reproduction des livres de plain-
chant romain* p. 57), du dernier cierge du candélabre
de la semaine sainte, comme il l'appelle ailleurs (*Notice
sur Joseph Baini*), du plus illustre des membres de la
chapelle pontificale, comme le nommé M. Fétis (*Méthode
de plain-chant*), du savant abbé Baini, dont l'autorité est
importante en cette matière, comme dit le même auteur
dans une lettre écrite dans la *Revue* de M. Danjou (1846
4ᵉ livr. p. 123), du grand Baini à qui Grégoire XVI
renvoya M. Fétis, en disant à ce dernier : « C'est un savant
» homme qui mérite toute votre confiance. » (*ibid*). Et il
serait curieux de savoir si l'on pourrait opposer au jugement de Baini sur l'édition de 1614-15, l'opinion d'un
seul auteur antérieur. Il serait encore plus curieux de
savoir, si du vivant de Baini, un seul auteur Italien ou
n'importe de quel pays, aurait eu l'audace de le contredire. Avec des hommes de cette taille on ne se mesure
que lorsqu'on se sent fort. Aujourd'hui que le géant
n'existe plus, il n'y a plus tant à craindre. Depuis quelques années on a commencé à déprécier l'édition romaine
du Graduel de 1614-1615, on y ajoute même que Rome
la repousse. Mais puisque chose semblable ne s'est pas
faite ni avant Baini, ni de son vivant, on nous permettra
de faire peu de cas de ces opinions nouvellement écloses,
et dont le motif pourrait bien se trouver dans une région
inférieure à celle où l'on ne cultive l'art que pour l'art
et pour la gloire du Très-haut.

Rome a abandonné le travail de Paul V, dit M. Nisard ;
et il n'y a pas bien longtemps encore, que le *Journal
de Rome* annonçant une nouvelle édition de livres de
plain-chant, avait soin de faire ressortir, qu'une commission composée d'illustres savants surveillerait l'impression, et prendrait pour base de son travail les éditions
de Rome et de Venise. Tout récemment, un nouveau
prospectus, concernant la même entreprise, daté de
Rome du 10 Mai 1856 et écrit en français, vient de nous
apprendre à quelles éditions le journal de Rome faisait
allusion. Ce prospectus dit en toutes lettres, que la commission « étudiera minutieusement la belle édition de
» Paul V (1614), ainsi que les éditions vénitiennes re-
» connues les meilleures etc. » (1) En un mot chaque
nouvelle tentative faite à Rome pour la réimpression
d'une nouvelle édition du Graduel, est un nouvel hommage rendu à l'édition de Paul V ; et l'on ose nous soutenir
que ce livre est *abandonné*, voire même *repoussé à Rome !*
On ose écrire (*Etudes* p. 451) ces inconcevables paroles :
« L'insuccès complet de l'édition commandée par Paul V
» aurait dû démontrer aux conseillers de M. Duval, que
» Rome, n'approuvant point et ne pouvant point approu-
» ver une semblable tentative, il était inutile ou dan-
» gereux de vouloir la réhabiliter de nos jours. »
Croyons-en plutôt un homme qui a vécu longtemps à
Rome, qui a vu et fréquenté tout ce que la Ville Sainte
renferme de notabilités musicales, qui a eu le bonheur
d'avoir été l'élève de l'illustre Baini et d'avoir eu avec lui
des relations très-intimes, homme à qui certes on ne con-
testera pas des connaissances très-profondes en matière
de chant liturgique, comme le prouve le *Cours complet de
plain-chant* qu'il a publié en 1855 ; croyons-en M. Adrien
de la Fage, qui, d'accord en cela avec les savants de
Rome, met l'édition de Paul V au-dessus de toutes les

(1) Qu'il nous soit permis de faire remarquer, que les commis-
saires romains indiquent ici précisément la marche qui a été
suivie par les éditeurs de Malines dès avant 1848.

autres. « On ne comprend pas, » dit-il, « comment une
» édition corrigée à Rome, sous les yeux du pape, et im-
» primée par son ordre, n'a pas été reproduite purement
» et simplement dans d'autres pays. » (Voir sa *Reproduction* etc. page 50).

L'un de nous, lors de son séjour à Rome, il y a quelques dix ans, eut le bonheur d'y rencontrer M. de la
Fage, et de pouvoir lui communiquer nos plans. Le modeste savant lui répondit, en le renvoyant à l'opinion de
Baini, et nous fit l'honneur de consigner ce fait dans une
note de la page 83 de sa *Reproduction* etc. où il a l'obli-
geance d'ajouter : « Je ne rapporte ceci que pour assumer
» ma part de responsabilité vis-à-vis de ceux que le résul-
» tat n'aurait pas contentés. »

A plusieurs endroits de son livre M. Nisard, tout en
adressant force compliments à M. de la Fage, constate le
goût marqué de ce dernier pour l'édition de 1614-1615 ;
et, page 459, il dit très-explicitement que M. de la Fage a
écrit sous l'empire de certaines idées, dont quelques-unes
constituent des théories, que lui, M. Nisard, combat
dans tout le cours de ses *Etudes.* Nous croyons que ce
qui a exercé un grand empire sur les théories de M. de
la Fage, et sur ses opinions à l'endroit de l'édition de
Paul V, ce sont d'abord ses profondes études, puis les
relations fréquentes qu'il a eues à Rome même, où cette
édition est tout autrement jugée que là où l'on en parle
quelquefois sans la bien connaître. Et si M. Nisard avait
voulu réfléchir un peu à cette influence que les savants
romains ont eu sur l'esprit de M. de la Fage, loin d'écrire
que Rome a abandonné et repoussé l'édition de Paul V,
il en aurait conclu, n'en cût-il rien su d'ailleurs, que
cette édition doit y être en grande estime auprès de ceux
qu'à cause de leurs connaissances, les savants étrangers
s'empressent de consulter.

18. Par tout ce qui précède on voit que l'édition romaine du Graduel de 1614-15 a toujours été appréciée
à Rome, comme elle le mérite, et que si nous avons
contribué à la remettre en honneur en d'autres pays,

nous ne devons pas en éprouver *un sincère regret*, comme l'éprouverait à notre place M. Nisard, ainsi qu'il le dit page 449 ; nous avons la conscience si tranquille sous ce rapport, que nous souhaitons à tout le monde, même à M. Nisard, de n'avoir jamais à se reprocher de plus graves méfaits.

M. Nisard lui-même semble en convenir, et nous l'en remercions bien sincèrement, lorsqu'il dit que nos livres de chant *sont le fruit d'une entreprise conduite avec toute la conscience et toute l'habileté désirable.*

Mais c'est ici qu'il faut admirer à la fois la force de logique et la fidélité historique de l'auteur des *Etudes*. Il vient de nous décerner un brevet de conscience et d'habileté, et cependant il est évident pour lui, que nos livres sont un *non-sens*. Est-ce que peut-être il faudrait, dans l'opinion de M. Nisard, travailler sans conscience ni habileté, pour produire des œuvres qui ne soient pas un non-sens? Il est *évident*, pour lui, que ce non-sens de nos livres *doit finir par être repoussé en Belgique, comme il a été repoussé à Rome par Paul V lui-même.* Ici deux mots, s'il vous plaît. D'abord, quant à l'adoption de nos livres en Belgique, en Angleterre, et même en France, quoique nous en soyons depuis plus de deux ans à nos secondes éditions, nous ne sentons aucunement le besoin de manifester au public, ce qu'avec une tendresse vraiment paternelle M. Nisard dit des siens, page 363 de ses *Etudes*, où il constate avec bonheur, que l'adoption des éditions nouvelles du Graduel et du Vespéral romain, qu'il a dirigées dans ces dernières années, *se propage de plus en plus en France par une visible bénédiction de Dieu.* Ensuite, en quel livre manuscrit ou imprimé, M. Nisard a-t-il pu apprendre que le Graduel de 1614-15 A ÉTÉ REPOUSSÉ A ROME PAR PAUL V LUI-MÊME? Que ce Pape n'ait pas rendu obligatoire le Graduel fait par ses ordres, d'accord; et c'est ce que nous avons dit nous-mêmes dans nos *Etudes sur les livres choraux* etc. page 10. Mais a-t-il jamais eu, en commandant ce travail à Giovanelli ou à tout autre, l'intention d'imposer ce chant à l'Eglise catholique tout entière, ou même seulement à l'Eglise de Rome ? C'est ce dont on ne sait absolument rien ; mais si l'on doit en juger par la manière d'agir des autres Papes, qui depuis le Concile de Trente jusqu'à nos jours se sont succédé sur la chaire de Pierre, et dont jusqu'aujourd'hui aucun n'a imposé un Graduel ou un Antiphonaire quelconque, il est plus que probable que Paul V n'a jamais songé à faire de son Graduel un livre obligatoire. Et eût-il même eu ce projet, l'eût-il abandonné ensuite, n'importe par quel motif, de là à pouvoir dire que le travail de l'éditeur Romain a été *repoussé* par celui qui l'avait fait entreprendre, il y a encore une distance immense. Voilà pourquoi, en lisant dans les *Etudes* que l'édition du Graduel de 1614-15 a été *repoussée par Paul V lui-même;* en lisant, quelques lignes plus bas, que *Paul V n'a pas donné de suite à l'édition qui avait été entreprise par son ordre*, il nous a semblé assister à un de ces tours de passe-passe, dont, à la foire, certains industriels ambulants amusent leur public, et dont tout le succès est dû à une équivoque niaisement trouvée et bénévolement acceptée par l'assistance. C'est pourquoi devant cette dernière assertion de M. Nisard, si étrangement jetée sur le papier sans preuve aucune, présentée d'une manière plus qu'audacieuse et sans vergogne, on nous permettra de n'ajouter plus un seul mot. Et que M. Nisard n'interprète pas notre silence comme un *silence commode*, résultat du dédain ; qu'il soit bien persuadé que nous ne nous drapons pas ici *dans les plis du manteau d'un superbe dédain*, comme il en fait le reproche aux membres de la commission de Reims, page 591. Bien au contraire, il nous serait ici beaucoup plus facile de parler que de nous taire. Mais il est certaines convenances que nous saurons toujours respecter à l'égard de tout le monde.

19. Plus loin l'auteur des *Etudes* nous objecte que l'édition de Paul V n'est pas *le dernier mot de Rome;* que si elle l'était, *la question de la réforme du chant grégorien cesserait d'être opportune.* Ici, même confusion d'idées, même tactique. Parlez-vous d'un mot dé-

cisif, d'un ordre de la part de Rome, pour l'adoption de tel ou tel Graduel? Dans ce cas, l'édition de Paul V n'est ni le dernier ni le premier mot de Rome, puisque rien n'a été jusqu'ici ordonné à cet égard. Parlez-vous d'un mot qui indique ce qu'à Rome on regarde comme de mieux à prendre, ce que Rome semble préférer à tout le reste? Alors l'édition de Paul V est non-seulement le dernier, mais même l'unique mot que Rome a prononcé jusqu'à nos jours. En effet, le Graduel de Paul V, est le seul qui jamais ait été exécuté par ordre d'un Pape. Et cela étant, qu'il nous soit encore une fois permis de faire remarquer l'incohérence des idées de M. Nisard. *Quant à la conduite de Paul V, en cette circonstance*, dit-il, *la science humaine n'a rien à voir : en matière de discipline, le rôle de l'Eglise est souverain et doit être respecté* (p. 21.). Plus tard, p. 521, il pose en principe que *l'Eglise veut l'abréviation* du chant liturgique. *Je demande que l'on respecte la volonté de l'Eglise, ici comme en toutes choses.* Eh bien ! M. Nisard veut tout cela; et il repousse le mot le plus explicite qu'un Souverain-Pontife ait prononcé depuis le Concile de Trente, dont les décrets ont surtout amené la réforme du chant. Nous ne comprenons pas très-bien comment tout cela se tient. D'un côté, par ses paroles de la page 21, M. Nisard semble reconnaître la voix de l'Eglise dans celle du Souverain-Pontife. D'autre part il oppose le Pape à l'Eglise ; car dans sa *Revue* (livr. d'Avril, p. 234) il dit : « Peu importe que le fantaisiste se nomme Giova-
» nelli, peu importe qu'on puisse le citer comme un
» homme du plus grand mérite, peu importe enfin
» qu'un Pape lui ait donné l'ordre de prendre la plume.
» La question n'est pas là : elle est dans ce point unique
» et indiscutable, savoir que si l'Eglise veut l'abrévia-
» tion du plain-chant grégorien, elle ne veut pas au-
» tre chose. » On sent qu'ici l'auteur des *Etudes* n'est pas sur son terrain ; il patauge dans un vague indéfinissable. Si nous pouvions supposer que M. Nisard eût jamais fait d'études théologiques, nous lui dirions

que sa manière de raisonner a quelquefois une forte odeur de gallicanisme.

20. Nous aurions encore bien d'autres choses à faire remarquer sur le passage que nous venons d'examiner assez longuement, et sur des tirades de même force où M. Nisard parle de l'édition de Paul V. Mais nous croyons en avoir dit assez, pour que ceux qui réfléchissent, voient l'inanité des attaques de l'auteur des *Etudes* contre une édition, que, comme nous l'avons prouvé au commencement, il n'a probablement jamais vue, contre une édition que M. Nisard connaissait si peu, lorsqu'il écrivait ses *Etudes*, qu'il la croyait composée d'un Graduel et d'un Antiphonaire, tandis qu'elle ne consiste que dans le premier de ces deux livres.

II

21. M. Nisard rejette impitoyablement l'édition malinoise des livres de chant, parce qu'elle pèche par sa base. Mais outre ce défaut capital qu'il leur trouve, outre cette maladie de famille qui les vicie dans leur racine, il articule encore plusieurs autres griefs contre les éditeurs. Nous nous garderons bien de les énumérer tous, car comme le lecteur a pu le remarquer par ce qui précède, l'auteur des *Etudes* est un de ces stratégistes qui sonnent de temps en temps l'alarme sur plusieurs points du terrain, dans le but bien évident, quoique non avoué, comme cela est naturel, de dissimuler la faiblesse de leur position. Vous croyez sérieusement qu'il va y avoir une lutte, vous vous avancez vers le point où la provocation a eu lieu, et lorsque vous êtes tout près, vous êtes très-étonné de n'avoir affaire qu'à des mannequins rangés en bataille. C'est ainsi que tout ce cliquetis d'armes dans la question du Graduel de Paul V, tout ce bruit qui d'abord avait vraiment de quoi effrayer, est venu aboutir à nous montrer

la hideuse pauvreté, l'incroyable misère de M. Nisard sur ce chapitre, pauvreté et misère que le manteau de la hardiesse la plus intrépide dans les assertions gratuites, et de l'audace la plus inconcevable dans l'exposé des faits, n'est pas parvenue à couvrir. C'est pour épargner au lecteur des déceptions de ce genre que nous nous contenterons de relever trois ou quatre assertions de M. Nisard. De cette manière il ne pourra pas croire que nous ne nous sommes pas donné la peine de le lire; comme il lui arrive, à lui, de juger ce qu'il n'a pas examiné, ou du moins comme s'il ne l'avait pas examiné.

En voici une preuve :

22. Au commencement de son second chapitre, page 28. M. Nisard établit en thèse que *dans l'œuvre personnelle de S. Grégoire, il n'est point possible d'apercevoir la moindre trace d'accentuation latine.* Et pour se donner le plaisir de pouvoir contredire les éditeurs de Malines, voici ce que dit M. Nisard page 29 : « La plupart des
» personnes qui s'occupent de plain-chant, ne soupçon-
» nent même pas l'existence du point historique dont
» je viens de parler. Il y en a même qui, malgré toutes
» les preuves, refuseront d'y croire.

» D'autres s'imagineront, pour expliquer le moyen
» âge et venger saint Grégoire, que ce fait ne s'est
» établi dans la liturgie musicale qu'après l'époque de
» Gui d'Arezzo. C'est là l'opinion que M. l'abbé de
» Voght a émise, dans une préface fort élégante placée
» en tête du nouveau *Vesperale Romanum* de Malines
» (in-8°, 1848) : « *Prosodiam.... linguæ latinæ,* dit-il,
» *tunc temporis periisse, hinc facile constat quod penultimæ
» breves aliæque syllabæ, quæ carent accentu, passim
» neumatis vel plasmatis miserum in modum obrutæ ap-
» pareant.* »

25. Ainsi tout le monde qui a lu M. Nisard, va croire sérieusement que la préface du *Vesperale Romanum* de Malines suppose que l'on n'a commencé à négliger l'accentuation latine qu'après l'époque de Gui d'Arezzo, c'est-à-dire au XI° siècle. Or si M. Nisard s'était donné

la peine de lire en entier le texte de notre préface, s'il
avait eu assez de loyauté pour le reproduire, le lecteur
aurait su que M. l'abbé De Voght reconnaît ce défaut
tant aux documents qui précèdent l'époque de Gui, qu'à
ceux qui suivent cette époque. Le fragment de texte
que M. Nisard veut bien transcrire à sa 29ᵉ page, concerne précisément les manuscrits antérieurs à Gui
d'Arezzo ; et c'est dans ces manuscrits, que M. l'abbé
De Voght constate l'absence de toute trace d'accentuation. Voici le contexte en entier. « Nec tantummodo,
» judice Cl. Bainio, lectio neumatum ex sua natura
» est incerta et hodiedum impossibilis ; verum præterea
» contendimus, cum cantum planum, qui exstat in
» vetustissimis ævi medii codicibus, in posterum ad
» praxim revocari non posse. Nam quis dubitat, fere
» omnia eorum sæculorum monumenta certissimis legi-
» bus et musices et latinitatis sæpius repugnare ? Qui
» tantisper in antiquitatis studio versati sunt, næ illi
» optime norunt, concentum, quem neumata præferre
» videntur, tot ac tantis ad minimum scatere vitiis,
» quantis refertum esse scimus cantum qui post Aretini
» tempora in Liturgia viguit. Sive enim spectes modos
» ipsos, sive syllabarum quantitates et artem prosodicam
» consideres, cantus neumatum usque adeo vitiosus de-
» prehenditur, ut absurdissimus sit oporteat qui talia
» jam mirari velit. Nec profecto id mirum videri debet.
» Nam, quemadmodum fert unanimis doctorum senten-
» tia, illud annorum spatium quod ætatem mediam vo-
» cant, fundamentum cantus sacri erat antiquus cantus
» Græcorum, atque eisdem insistebat principiis (1) ; at-
» qui illa musica Græca quum non esset satis cognita
» cantoribus, atque insuper applicaretur vocabulis lati-

(1) S. Gregorius Magnus regulas et canendi artem, quam antea
ex Græcia Boetius attulit, ad sacrum Ecclesiæ revocavit usum.
« Atque id est, ait Gerbertus (*De Cantu et Musica sacra*, lib. II.
» p. 1. cap. I. num. IV.), quod S. Gregorio recentiores etiam in
» acceptis referunt, quod artem cantandi regularemque usum
» ordinarit, veluti ab antiquioribus Græcis potissimum fuit ex-
» culta. » (*Note de la préface du Vespéral de Malines*).

» nis, quorum vera prosodia tum perierat, hinc Ecclesiæ
» cantus necessario corrumpi debuit, et propemodum
» ad barbariem deduci. Prosodiam vero linguæ latinæ
» tunc temporis periisse, hinc facile constat quod penul-
» timæ breves aliæque syllabæ, quæ carent accentu,
» passim neumatis vel plasmatis miserum in modum ob-
» rutæ appareant.

Avons-nous tort, après cela, de dire que l'auteur des *Etudes* juge quelquefois ce qu'il n'a pas lu, ou comme s'il ne l'avait pas lu? Il semble même que de temps à autre il s'oublie jusqu'à se contredire lui-même.

24. Ainsi, page 56, M. Nisard trouve, et nous ne lui en faisons pas un crime, qu'il faut soumettre aux lois de l'accentuation latine les morceaux que d'après Dom Jumilhac il appelle morceaux rhythmiques. (Inutile d'entrer ici dans des détails sur cette dénomination, ce qui va suivre étant assez clair pour être compris sans cela). Mais dit-il : « Je crois que c'est à une condition :
» il faudra que les membres de plain-chant qui se
» trouvent dans les morceaux rhythmiques, conservent,
» en recevant l'accentuation, la *parfaite régularité* qu'ils
» avaient auparavant, alors qu'ils n'étaient soumis à
» aucun rhythme, à aucune quantité de syllabe, à au-
» cune loi de prosodie.

» On va me comprendre par un exemple, que je
» prends dans le chant du psaume et du verset des in-
» troïts appartenant au premier mode.

» Voici d'abord comment les Chartreux notaient le
» *Gloria Patri* de ce mode, d'après le précieux manus-
» crit de M. Jules Renouvier :

» Le chant du psaume est établi sur ce modèle avec l'exactitude d'une correspondance
» parfaite dans le *Graduel* des Chartreux, dont je possède une belle copie, écrite en 1615,
» par Jacques Le Malle, religieux profès de cet ordre. Voici quelques exemples qui viennent
» à l'appui de ce fait important, et que je donne d'après mon manuscrit :

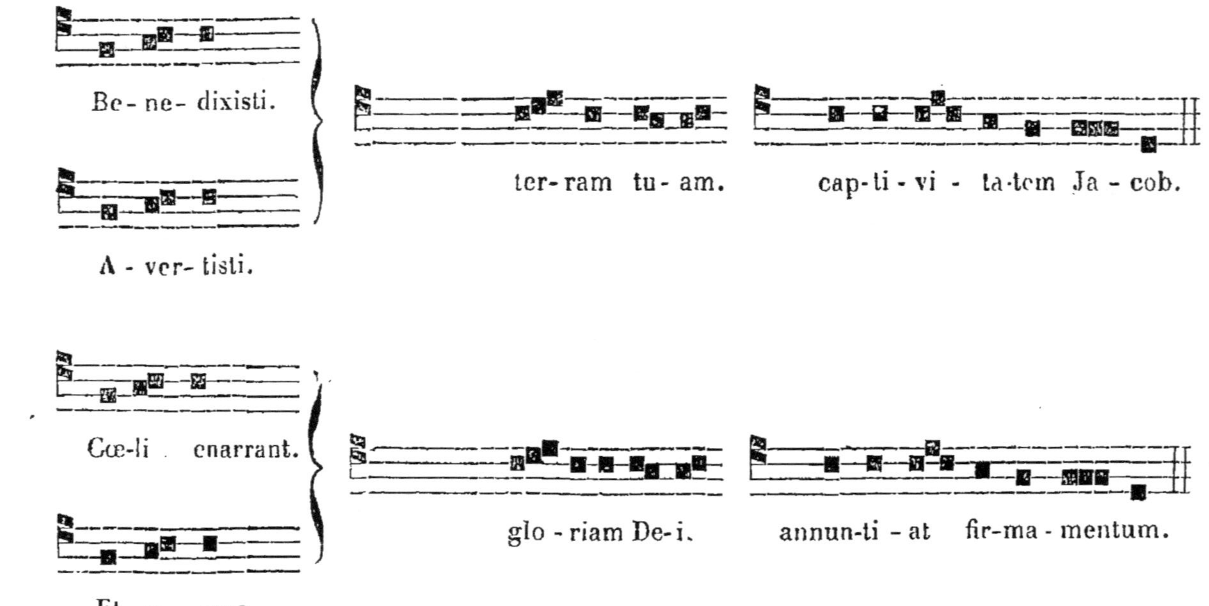

INTONATION :
MÉDIANTE :
FINALE :
Be - ne- dixisti.
ter-ram tu- am.
cap-ti-vi - ta-tem Ja - cob.
A - ver-tisti.
Cœ-li enarrant.
glo - riam De-i.
annun-ti - at fir-ma - mentum.
Et o - pera.

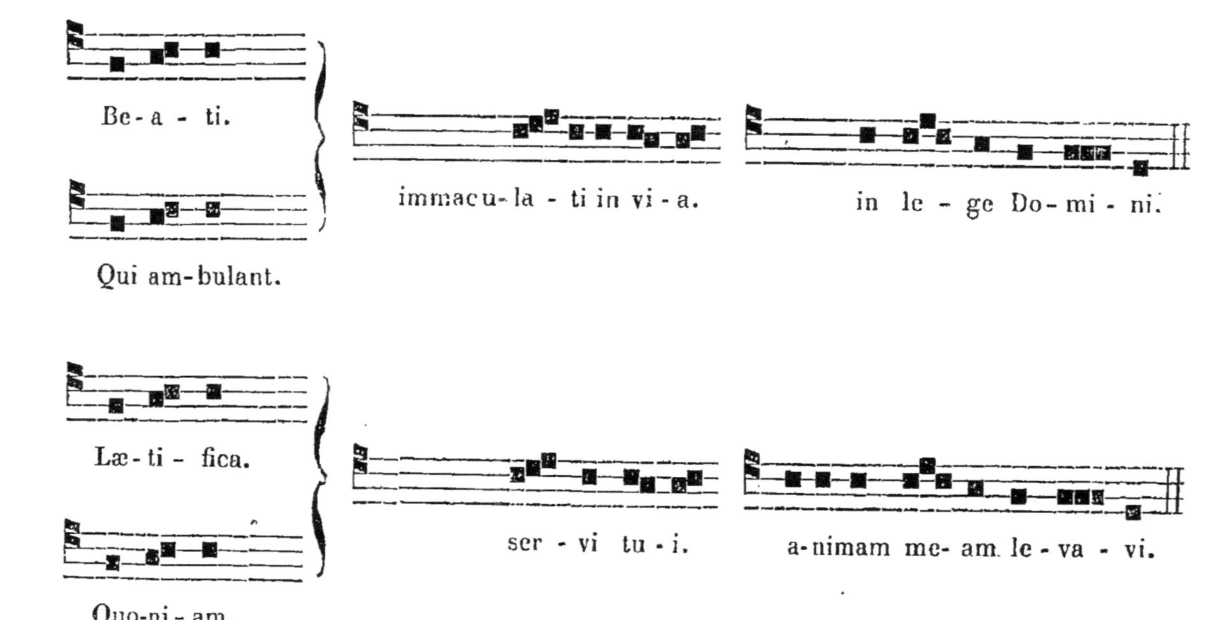

INTONATION :
MÉDIANTE :
FINALE :
Be - a - ti.
immacu- la - ti in vi - a.
in le - ge Do- mi - ni.
Qui am- bulant.
Læ - ti - fica.
ser - vi tu - i.
a- nimam me- am. le - va - vi.
Quo- ni - am.

» Quelle concordance! quelle symétrie!

» Veut-on savoir maintenant jusqu'à quel point l'in-
» troduction de l'accent tonique a troublé cette con-
» cordance et cette symétrie? Il suffit, pour cela,
» d'ouvrir l'édition du Graduel romain, publié par
» par M. Duval, sous les auspices de Mgr le cardinal-
» archevêque de Malines. Le nouvel éditeur n'avait
» point à se préoccuper des entraves qu'apporte tou-
» jours la simple réimpression d'un livre de plain-
» chant : réformateur, il possédait toute sa liberté
» d'action, et n'avait d'autre joug à subir que celui
» des monuments de l'art qu'il était chargé de faire
» revivre dans toute leur splendeur. Et cependant,
» comment a-t-il rempli cette belle et sainte mission
» que lui assignait la science? Ce n'est pas le moment
» de répondre d'une manière complète, à cette ques-
» tion délicate : tout ce que je puis dire, c'est que
» si l'on compare les passages que j'ai tirés des livres
» carthusiens avec les passages analogues qu'à publiés
» M. Duval, on est frappé d'étonnement à la vue
» des bigarrures et des fantaisies capricieuses qu'il a
» données au public pour des restaurations de bon
» aloi.

» On sera de mon avis, lorsque j'aurai donné des
» preuves de cette assertion. Je demande donc la per-
» mission de les produire ici :

INTONATION : MÉDIANTE : FINALE :

Glo - ri - a Pa - tri. . . . Spi - ri - tu - i san - cto.

Sic - ut e - rat. . . Et nunc, et sem - per.

Et in sæ - cu - la. . . . . sæ - cu - lo - rum. A - men.

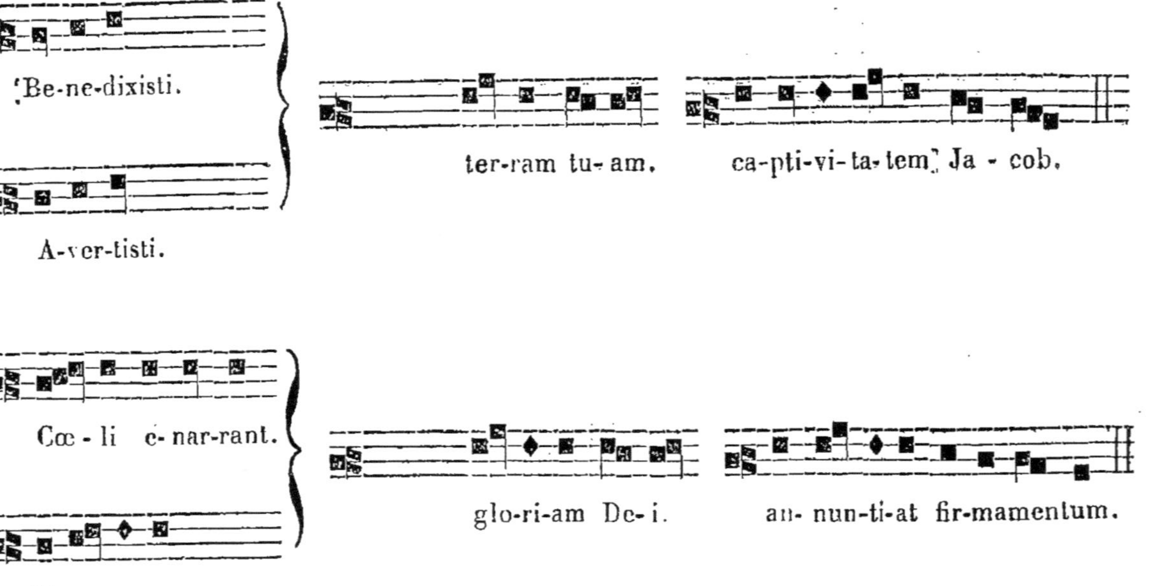

INTONATION :
MÉDIANTE :
FINALE :
'Be-ne-dixisti.
A-ver-tisti.
ter-ram tu-am.
ca-pti-vi-ta-tem', Ja - cob.
Cœ-li e-nar-rant.
Et o-pe-ra.
glo-ri-am De-i.
an-nun-ti-at fir-mamentum.

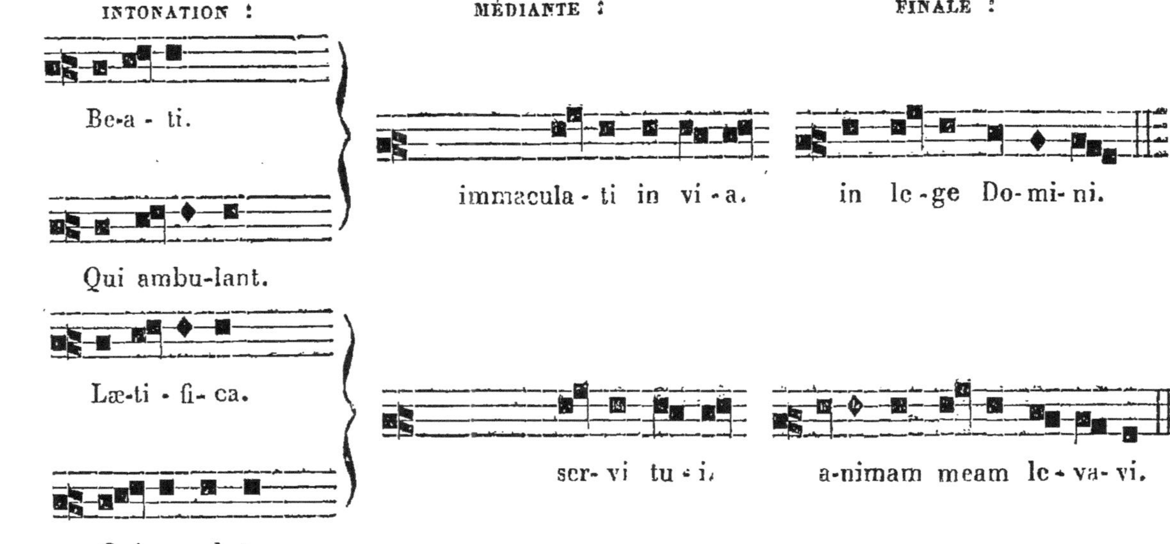

» Dans ces passages, le chant présente des coupures si bizarrement arbitraires, qu'il
» se transforme à chaque intonation et à chaque finale. C'est à ne pas y croire. Protée est
» vaincu. »

25. Reprenons. L'auteur des *Etudes* veut donc que dans les morceaux dont il parle, on observe les « *lois de l'accentuation latine* », mais il faudra que les membres de plain-chant qui s'y trouvent, « *conservent, en recevant l'accentuation, la parfaite régularité qu'ils avaient auparavant, alors qu'ils n'étaient soumis à aucun rhythme, à aucune quantité de syllabe, à aucune loi de prosodie.* » Si ce n'est pas là vouloir l'impossible, si ce n'est pas là détruire, par la condition, les données du *conditionatum*, si ce n'est pas là renverser d'une main ce que l'on élève de l'autre, bref, si ce n'est pas là une contradiction, nous dirions presque, dans les termes, nous croyons sérieusement, que tout ce qu'on peut appeler contradiction a disparu du monde. Quel est en effet le grand moyen de bien accentuer les paroles par le chant ? N'est-ce pas d'avoir soin que les syllabes accentuées se trouvent sous une bonne note, sous une note accentuée, ou sous un groupe de notes de la cantilène ? Et comme les syllabes accentuées ne se trouvent pas toujours à la même place du membre de phrase littéraire, en d'autres termes, comme la première syllabe accentuée qui se rencontre dans un membre aura tantôt la première place, tantôt la seconde, tantôt la troisième etc. etc., comme il en est de même de toutes les autres syllabes accentuées de ce même membre, et que toutes peuvent occuper tantôt telle, tantôt telle autre place, suivant la contexture des paroles ; comme tout cela donne lieu à des cas dont le nombre peut aller à l'infini ; l'arrangement de la phrase musicale ne devra-t-il pas subir des variations, pour satisfaire à ce qu'exige l'accentuation des syllabes ? Conçoit-on seulement que la chose se fasse autrement ? Conçoit-on qu'une mélodie toujours raidement et mathématiquement la même dans l'arrangement de ses notes, puisse servir ainsi à bien prononcer différents textes, qui, sous le rapport de l'accentuation, peuvent ne pas se ressembler ? Soutenir le contraire avec M. Nisard, n'est-ce pas comme si l'on commandait à son tailleur la confection d'un certain nombre d'habits de telle forme déterminée, pour des

personnes de tailles différentes, de manière que chaque
habit allât parfaitement à la personne à laquelle il est
destiné, mais aussi de telle sorte que tous les habits
fussent exactement de même ampleur? N'est-ce pas dire:
Oui, je veux que l'on observe dans tels morceaux les lois
de l'accentuation latine, mais à condition qu'on ne les
observe pas? Aussi, en jetant les yeux sur le tableau que
nous extrait M. Nisard des livres des Chartreux, et dont
il admire la *concordance* et la *symétrie*, avons-nous cru
voir défiler devant nous un cortége de carnaval, dont
le côté comique consisterait en ce que tous les figu-
rants, grands, petits, moyens, se trouveraient affublés
d'un vêtement de même forme et de même grandeur.
Mettez à un garçon de douze ans l'habit de son père, et
vous aurez l'image de ce Glor*ia* par lequel débute
le tableau de M. Nisard ; la syllabe *ri*, de ce mot, sans
accent tonique, s'y présente avec le costume d'une
syllabe accentuée. Mais quittons la comparaison, et
faisons remarquer seulement au lecteur sic*ut* erat,
et *in* sæc*u*la, sæc*u*lorum, ben*é*dixisti, captiv*i*tatem
av*é*rtisti, cœl*i*, annunti*át*, in lege Domi*ni*, quon*i*am.
Page 41, l'auteur des *Etudes* s'écrie : « En vérité,
» était-ce la peine de faire tant de bruit, à Reims, à
» Cambrai, à Malines et ailleurs, pour arriver à des
» résultats si peu satisfaisants ! » Qu'il nous soit permis de renvoyer ce paquet en changeant l'adresse, et
de dire à notre tour : En vérité, était-ce la peine de
faire tant de bruit à Paris, était-ce la peine de for-
muler gravement une maxime se contredisant elle-
même, pour arriver à des résultats si peu satisfaisants !
Était-ce la peine de s'écrier dans un saint enthousi-
asme : « quelle concordance! quelle symétrie! » Etait-
ce la peine de se dire « frappé d'étonnement à la vue
» des bigarrures et des fantaisies capricieuses » que
nous avons « données au public pour des restaura-
» tions de bon aloi, » lorsqu'en jugeant ces choses on
s'oublie jusqu'à ne faire attention qu'à la mélodie que
doivent revêtir les paroles sacrées, et à ne tenir aucun

compte de ces paroles elles-mêmes, jusqu'à fouler aux pieds cette sentence si belle et si rationnelle de S. Bernard : *Cantus sensum litteræ non evacuet sed fœcundet?* Était-ce la peine de finir toute cette tirade en s'écriant : « C'est à ne pas y croire. Protée est vaincu ! »

26. Non, M. Nisard, ce n'est pas nous qui avons vaincu Protée. Un autre héros s'est chargé de cette rude besogne. A tout seigneur, tout honneur ! Qu'il jouisse en paix de son triomphe ; nous ne lui envions pas sa gloire. Au contraire, c'est pour nous une véritable satisfaction de pouvoir ici mettre sous les yeux du public les titres qui attestent sa victoire, d'exhiber les drapeaux qu'il a conquis sur l'ennemi, les trophées erigés à sa mémoire. Les monuments impérissables de cette glorieuse expédition se trouvent consignés dans deux ouvrages , dont le premier porte pour titre : *Graduel et Vespéral romains* etc., imprimé à Rennes chez M. Vatar en 1853 et soigné par M. Nisard. L'autre est le *Graduel romain* imprimé en 1854—55 chez M. Adrien Le Clerc à Paris, édition également soignée par M. Théodore Nisard. L'auteur des *Etudes* nous fait un crime d'avoir arrangé de différentes manières une même mélodie , suivant qu'elle doit servir à différents textes. Que dira-t-il de celui qui dérange les notes destinées à se chanter sur un même texte, et qui donne de différentes manières, à différents endroits de son livre, les mêmes paroles chantées sur la même mélodie, mais autrement arrangée quant à la répartition des notes sur les syllabes? Supposons, par exemple, que le verset psalmodique *Beati immaculati* entre dans deux introïts du premier mode, et par conséquent doive se chanter dans les deux cas de la même manière ; que dira-t-il de celui qui arrangerait les notes de ce même texte tantôt de telle, tantôt de telle autre manière? Et c'est cependant ce que l'on trouve dans l'édition de Rennes de 1853, soignée par M. Nisard. Voici les deux versions :

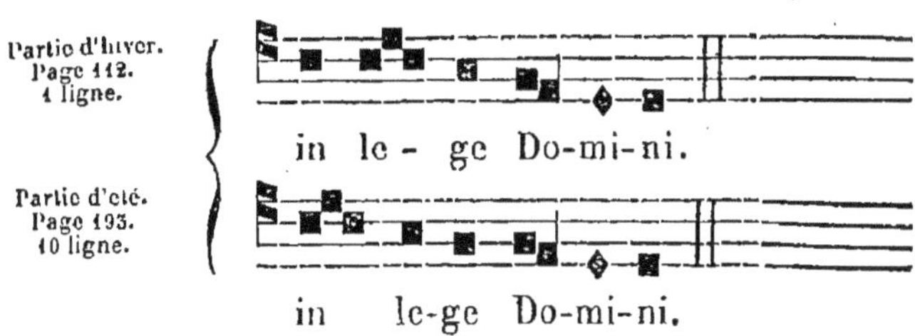

Chose semblable se rencontre dans l'édition de Paris de 1854—55, également soignée par M. Nisard. On y trouve par exemple :

27. Toutes ces contradictions, soit dans la mélodie, soit dans l'arrangement des divers groupes de notes,

que l'on remarque dans l'édition de Paris, se justifie-
raient très-difficilement; et nous ne pouvons nous expliquer le motif qui a pu faire accoler à l'antienne *Bene-
dicta sit* du IIe mode, page 162, la mélodie psalmodique
du IIIe mode transposée à la quinte inférieure (voyez page
162, 3° ligne et suivantes). Dans l'édition de Rennes de
1853 cette énorme distraction ne se trouve pas. (Voyez
partie d'hiver, page 148*, 14° ligne, et 149*, 1° ligne et
suivantes).

En voilà plus qu'assez. Finissons ce point en laissant
juger nos lecteurs par eux-mêmes, si M. Nisard a été
bien inspiré, lorsqu'il dit d'autres éditions que les siennes,
par exemple du Graduel de Douillier 1851 et de celui
de Perisse 1851, page 54 : « Et l'on eut, dans le même
» volume, les preuves les moins équivoques de la pluralité
» des collaborateurs qui l'avaient rédigé, en y voyant
» côte à côte les versions les plus disparates d'un même
» chant psalmodique. Citons un exemple, sans cela
» on pourrait peut-être ne pas nous croire, tant la
» chose est singulière ! » Et l'exemple qu'il donne est
tiré des éditions Douillier et Perisse.

28. Jusqu'ici nous avons pu constater que notre adversaire a le don de la témérité en ce qu'il juge ce qu'il
ne s'est pas donné la peine d'examiner, ou du moins
comme s'il ne l'avait point examiné ; nous lui avons
trouvé dans les lignes qui précèdent, le don de la contradiction ; nous tenons à lui reconnaître une troisième
qualité qui achève de faire de lui le modèle le plus complet de l'homme qui, voulant à toute force écrire sur un
sujet en restant en dehors de la vérité, le traite, ou
plutôt le maltraite, de toutes les façons possibles, tout
en ayant soin de ne le montrer jamais dans son véritable
jour à ses lecteurs. Cette qualité c'est *l'indécision* ou l'art
de parler sans rien dire, l'art d'amuser son lecteur le
long de quelques pages, de jeter à droite ou à gauche
quelques critiques amadouées par des poignées de main
discrètement distribuées, et de parvenir ainsi à parler de
la chose en question, dans un sens plus ou moins défa-

vorable à ceux, qu'on ne saurait attaquer franchement ni loyalement. C'est ainsi que procède l'auteur des *Études*, lorsque dans son deuxième chapitre il traite du rhythme dans le chant liturgique, et surtout dans les proses, hymnes etc. etc. Il lui est impossible de nier, que les éditeurs des livres de Malines n'ont pas trop mal saisi ce point; et cependant, dire qu'ils ont bien rhythmé les proses de leur édition, ce serait par trop fort; il lui a donc fallu de toute nécessité donner à entendre que, si les principes des éditeurs de Malines sont bons, ils les ont mal appliqués; mais comme cette dernière assertion même aurait pu trouver des contradicteurs, il lui a fallu en fin de compte jeter un voile d'incertitude, une gaze d'indécision sur tout ce qu'il venait de dire, de manière à se placer lui-même en sûreté sur une espèce de terrain flottant, et à en avoir cependant assez dit contre ses adversaires, pour qu'il en restât toujours quelque chose dans l'opinion du public. Voici ce passage, page 119 : « L'exemple que je viens de donner, prouve
» que si M. de Coussemaker se trompe en affirmant que
» les hymnes seules étaient rhythmées au moyen âge, MM.
» de Voght et Duval ont, en revanche, touché du doigt
» la vérité, en reconnaissant, dans les hymnes et dans
» les proses de cette époque, un rhythme qu'ils appellent
» *naturel*, et qui engendre l'ordre *dactylique*, l'ordre
» *iambique* et l'ordre *trochaïque*. Seulement, dans l'ap-
» plication qu'ils font de cet excellent principe, ces deux
» auteurs s'en écartent d'une manière évidente et font
» fausse route. Par exemple, s'il y a une prose conçue
» dans le rhythme naturel de l'ordre trochaïque, c'est
» bien certainement celle du jour de la Pentecôte. Or,
» voici comment ces messieurs notent le commencement
» de ce morceau célèbre :

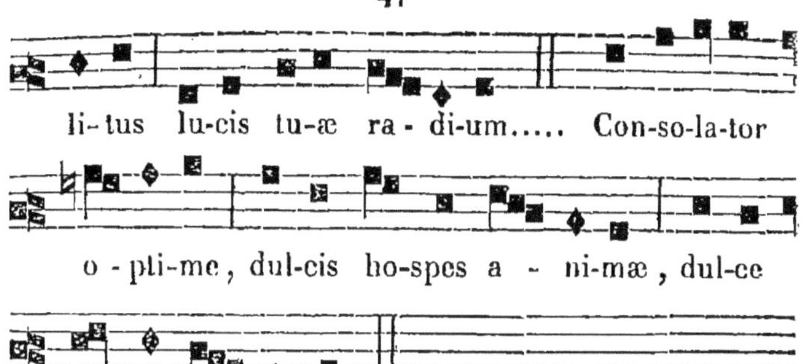

» A la seule inspection de ce spécimen, il faut con-
» clure que les éditeurs de Malines se sont complétement
» fourvoyés, à moins d'admettre qu'au moyen âge on en
» savait moins qu'eux sur la matière, et sur la méthode
» de rhythmer le chant des hymnes et des proses : ce ne
» serait pas la première fois que les archéologues auraient
» la prétention de voir plus clair que les hommes dont ils
» veulent faire revivre les mœurs, les coutumes et les
» idées. »....... Plus loin page 121 : « Est-ce à dire,
» pourtant, que toutes les hymnes et toutes les proses
» doivent être rhythmées soit musicalement, soit poéti-
» quement? — Autant voudrait dire qu'il y a des règles
» morales sans exception, et je n'ai pas, certes, la pré-
» tention de soutenir une pareille énormité. Quel est l'ar-
» chéologue qui, ayant quelques notions de musique re-
» ligieuse, ignore que le texte de la belle antienne à la
» Vierge : *Alma Redemptoris mater*, par exemple, est
» écrite en vers hexamètres ? Or, on a beau consulter les
» documents les plus anciens, il faut reconnaître que le
» chant traditionnel, posé au-dessus de ce texte, consiste
» en de luxuriantes vocalises qui ne permettent l'obser-
» vation du rhythme de la poésie que d'une manière fort
» relative. »... Enfin l'auteur clôture cette matière par
les lignes suivantes, p. 122 :

« Egalement, nous avons des hymnes et des proses
» dont le chant, sans être aussi prolixe que celui de

» l'*Alma* et des répons de Fulbert, paraît avoir été com-
» posé en dehors de tout rhythme rigoureux. D'autres
» morceaux du même genre, et surtout ceux qui se
» chantent en présence du sacrement auguste de l'Eu-
» charistie qu'ils célèbrent d'une manière spéciale, pour-
» raient être rhythmés rigoureusement; mais une longue
» désuétude a sanctionné, pour ainsi dire, dans l'exécu-
» tion de ces pièces, l'abandon de tout rhythme pur : un
» sentiment vague et indéfinissable d'adoration a rem-
» placé la mesure musicale ou le mètre poétique. Faut-il
» changer tout cela? Faut-il, sous prétexte de science et
» de restauration, pourchasser de nos sanctuaires ces
» mélodies qui bercent les âmes dans une sorte de laisser-
» aller si mystérieux, si doux, si propice enfin à l'expan-
» sion de la piété des fidèles? C'est là un point qui ne me
» semble pas douteux, et, pour le résoudre, on pourra sui-
» vre, tantôt le système de M. Hallez, qui n'est pas aussi
» absolu qu'il veut bien le dire, tantôt le *rhythme artificiel*
» que MM. de Voght et Duval expliquent d'une manière
» plus ou moins rationnelle, mais qui aboutit à des résul-
» tats que la nécessité autorise en plusieurs circon-
» stances. »

29. D'abord, aucun de nous n'a jamais aspiré au titre
assez résonnant d'archéologue, que nous laissons à la disposition de ceux qui croient pouvoir s'en servir. Ensuite
nous n'avons jamais eu la prétention de voir plus clair en
cette matière que les hommes du moyen âge; enfin nous
nous garderons bien de vouloir faire revivre leurs mœurs,
leurs coutumes et leurs idées. Toute la critique de M. Nisard semble ici porter sur ce que nous n'avons pas
rhythmé musicalement, c'est-à-dire en mesure exacte, la
prose *Veni sancte Spiritus*. Nous ne l'avons pas fait, parce
que d'abord il aurait fallu pour cela employer la notation
moderne, sous peine de n'être pas compris des chantres de
nos temps; et nous n'aimons pas trop à voir ces barres
de la mesure, ni ces notes pointées dans un livre de
plain-chant. Ceci cependant ne nous eût pas retenus, si
nous avions eu la conviction qu'anciennement les proses

se chantaient dans l'Eglise selon un rhythme exactement mesuré, comme celui de la musique moderne. Mais nous croyons jusqu'ici que le rhythme des proses et des hymnes du moyen âge était un rhythme beaucoup plus libre et beaucoup plus vague, du moins lorsque ces pièces se chantaient pendant l'office divin. Notre adversaire lui-même a senti le côté délicat de cette question, et voilà pourquoi sa tirade finale semble tout-à-fait le contrepied de ce qu'il a dit au commencement de ce passage.

OPINIONS DES ÉDITEURS DE MALINES

SUR LES LIVRES CHORAUX ÉDITÉS PAR M. Théodore
Nisard, a Rennes en 1853, et a Paris
en 1854-55.

50. Jamais nous n'aurions eu l'idée d'examiner les
livres de plain-chant édités par M. Nisard, s'il ne nous en
avait fourni l'occasion par la manière singulière dont il
traite, dans ses *Etudes*, l'édition romaine du Graduel de
1614-15. C'est en parcourant ces pages où respire à chaque ligne une certaine arrière-pensée, que déguisent mal
toutes les protestations, toutes les invocations à la vérité,
toutes les aspirations vers le seul intérêt du chant de
l'Eglise; c'est en voyant l'auteur des *Etudes* soutenir avec
tant de persistance ses accusations contre tout ce qui a été
entrepris en fait d'éditions chorales par d'autres que lui,
que nous nous sommes sentis portés vers l'examen des
livres de Rennes et de Paris, pour voir s'ils étaient, non
pas les meilleurs possibles, nous ne sommes pas si exi-
geants, mais si au moins ils étaient de nature à pouvoir
être regardés comme l'œuvre d'un homme à conviction,
d'un homme qui sait éviter ce qu'il reproche aux autres
avec assez d'âpreté et avec si peu de fondement. Notre
examen a été sérieux, mais indulgent. Nous n'allons
relever ici que ce qui nous paraît absolument impardon-
nable, et nous nous taisons sur tout le reste.

I

51. Le grand grief de M. Nisard contre nos livres, ou du moins contre notre Graduel, c'est de ne donner qu'un chant de fantaisie et d'arbitraire, et cela parce que, d'après lui, il ne reproduit pas le chant des *anciens livres français*. Nous avons répondu à cela dans la première partie de ce travail. Ici nous allons poser une question : Si l'on est fantaisiste, parce que l'on ne se rattache pas à l'ancien chant français, que sera celui qui ne se rattache pas à lui-même? Quel nom faut-il donner à l'éditeur de deux éditions de livres choraux, qui pour la même pièce se contredisent bien des fois, et chacune à part elle-même, et toutes deux l'une l'autre? Voyons; prenons l'édition de Rennes de 1853; choisissons au hasard. L'Introït *In nomine Jesu* doit s'y trouver, comme dans le Missel romain, à la fête du Saint Nom de Jésus et à celle de Saint Ignace de Loyola. Si l'éditeur de Rennes nous donne un chant non-fantaisiste, il va à coup sûr nous donner la même pièce de la même manière, puisque ce sont les mêmes paroles chantées dans le même IIIe mode, sur une mélodie évidemment de même origine. Or voici comment les choses se passent dans ce Graduel de Rennes ; nous mettons les deux pièces en tableau, afin que le lecteur saisisse mieux leur commune origine et leurs dissemblances mélodiques.

ge-nu fle - cta - tur, cœ - le - sti-um , ter-
ge-nu fle - cta - tur, cœ - le - sti-um , ter-

re - stri- um , et in - fer-no - rum :
re - - - stri-um , et in - fer-no - rum :

et o - mnis lingua con-fi-te-a - tur, qui-a
et o - mnis lin-gua con-fi-te-a - tur, qui-a

Do-mi - nus Je-sus Chri - - stus
Do - mi- nus Je- sus Chri - - stus

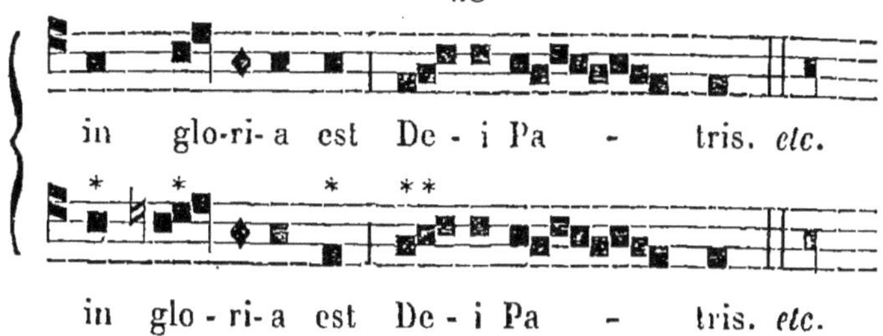

Si les deux chants, par exemple, qui se trouvent sur les paroles : *et omnis lingua confiteatur*, *quia Dominus Jesus Christus*, se rattachent l'un à l'autre, alors notre Introït *Invocabit me*, se rattache au chant des anciens livres français; seulement nous ne soutenons pas cette dernière conséquence, tandis que M. Nisard par ses principes se met dans la nécessité absolue de s'y rattacher, et par le fait, comme nous le disions plus haut, ne se rattache pas même à lui-même. Disons ici en passant que les deux Introïts *In nomine Jesu*, qu'on trouve aux pages 322 et 411 dans l'édition de Paris de 1854-55, ne présentent pas d'aussi grandes dissemblances mélodiques, quand on les compare entre eux, quoique ces deux pièces, là aussi, soient loin d'être l'exacte reproduction l'une de l'autre.

32. Veut-on maintenant un exemple de fantaisie pris dans le Vespéral; examinons alors l'ancienne *O vos omnes*, que la partie d'hiver de l'édition de Rennes contient trois fois; d'abord à laudes de l'office du Samedi-Saint page 298, ensuite à *Magnificat* des premières vêpres de l'office de la Passion de N. S. J. C., page 231*; cette antienne revient comme cinquième antienne des vêpres de l'office des Cinq Plaies de N. S. J. C., page 248*. Les deux premières fois, cette antienne se présente exactement de la même manière; mais à la fête des Cinq Plaies elle est devenue tout autre, elle est même d'un autre mode. Voici les deux versions :

Il est évident que ces deux mélodies proviennent d'un même fond ; il n'y a, sous ce rapport, de différence que dans le dernier membre *sicut dolor meus*. D'où vient donc qu'aux deux premiers endroits de l'édition de Rennes, elles appartiennent au VIIIe mode, tandis qu'à la fête

(1) Dans l'édition de Rennes ces deux antiennes sont notées avec une clef d'*ut* sur la quatrième ligne. Nous les donnons ici avec une clef d'*ut* sur la troisième ligne, afin d'en faci-liter la confrontation avec la troisième antienne.

des Cinq Plaies, ce chant est du Ve mode? On nous répondra que c'est à cause du membre final se terminant par
la note *fa*. Mais nous demanderons d'où vient ce membre
final? Nous demanderons, si ce n'est pas la fantaisie qui
a soudé cette queue du Ve mode à un corps du VIIIe?
Desinit in piscem, aurait dit Horace. Après avoir remar-
qué la bigarrure que présente cette antienne de l'édition
de Rennes, nous avons été curieux de voir, si le même
accord se reproduisait dans l'édition de Paris. Mais là c'est
bien autre chose encore. Là, en vérité, *Protée a été vaincu*,
pour parler comme M. Nisard. Voici la superbe unité,
le merveilleux ensemble que l'on est forcé d'y admirer.
Omne trinum perfectum, dit le proverbe, et il faut croire
que l'éditeur de Paris estime que la perfection consiste à
donner de trois manières différentes la même antienne.
Nous mettons ici en tableau les trois costumes que porte
ce morceau.

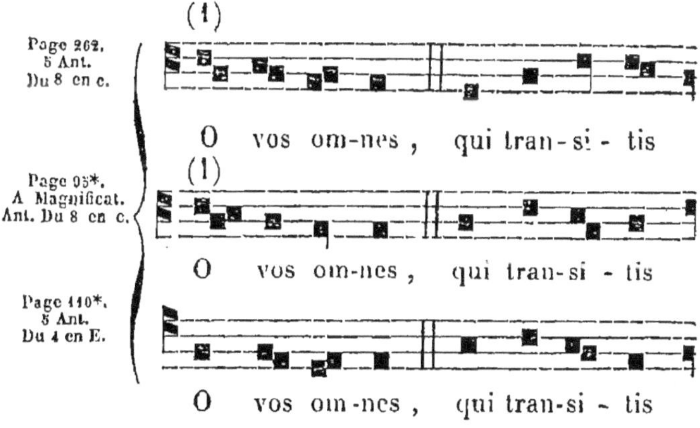

(1) Dans l'édition de Paris ces deux antiennes sont notées
avec une clef d'*ut* sur la quatrième ligne. Nous les donnons ici
avec une clef d'*ut* sur la troisième ligne, afin d'en faciliter la confrontation avec les mêmes antiennes, qui se trouvent plus haut
et que nous avons extraites de l'édition de Rennes.

Voilà bien à coup sûr de la fantaisie s'il en fût jamais.

35. Revenons à l'édition de Rennes où nous pourrions trouver d'autres exemples, semblables à celui de l'introït *In nomine Jesu*. Mais nous croyons qu'en voilà plus qu'assez. Montrons maintenant que, dans cette même édition, il y a aussi plus ou moins de fantaisie dans l'élimination des longs neumes. Lorsque sous ce rapport on y compare entre eux des chants qui ont le même texte littéraire et la même origine mélodique, on y trouve encore de quoi s'extasier et de s'écrier avec M. Nisard : *Quelle symétrie! quelle concordance!* Un exemple suffira. Nous le prenons dans le verset *Qui regis*, verset qui se trouve avec les mêmes paroles et la même mélodie pour

le fond, d'abord dans le graduel *Hodie scietis* de la Vigile
de la Nativité de N. S. J. C., page 76, partie d'hiver,
et dans le graduel *Excita Domine* du Samedi des quatre
temps de l'Avent, page 353, même partie (2). Voici un
fragment de ce verset selon les deux endroits cités :

Pourquoi la seconde version contient-elle des groupes
que ne contient pas la première? L'édition de Paris offre
la même inconséquence, page 26 et 53. Et ce qu'il
y a ici de curieux, c'est que tous les manuscrits neumés,
que nous avons pu consulter, ont sur ces paroles les
mêmes neumes et au samedi des quatre temps de l'Avent
et à la Vigile de la Nativité de N. S. J. C. Voyez

(2) Non seulement les deux versets, mais ces deux graduels
tout entiers sont d'une même origine mélodique, et appartiennent à un chant typique du Xe mode, chant qui se reproduit
très-fréquemment dans les livres choraux.

entre autres le *Fac-simile* du manuscrit de S. Gall, page 31, 15ᵉ ligne, et page 37, 2ᵉ ligne. D'après cela on aurait pu s'attendre à plus de conformité de la part d'un admirateur de la tradition.

34. Mais examinons cette édition de Paris de plus près encore. Celle de Rennes nous a appris que le même introït noté dans le même mode se chante de deux manières différentes, selon la date où il se présente. Quelque chose de plus fort se rencontre dans le livre de Paris. L'introït *Salve sancta parens* s'y trouve à trois endroits différents, et chaque fois on a le plaisir de le revoir avec une nouvelle mélodie, dans un mode chaque fois varié. Voici cette autre preuve de la prédilection de l'éditeur de Paris pour le nombre trois.

Re - gem : qui cœ-lum,
Re - gem : qui cœ-lum,
Re - gem : qui cœ-lum,
ter - ram - que re - git in
ter - ram - que re - git in
ter - ram - que re - git in
sæ - cu-la sæ-cu-lo -
sæ - cu-la sæ-cu-lo -
sæ - cu-la sæ-cu-lo -

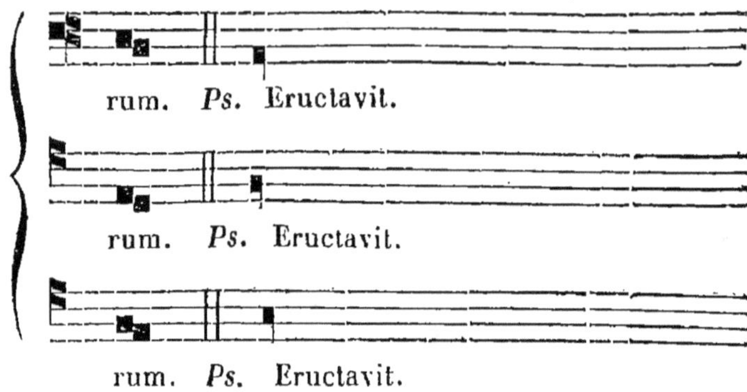

55. L'édition de Rennes qui précède d'une année celle
de Paris, ne nous présente pas cette luxuriante variété;
on s'y borne à maintenir pour les trois mêmes fêtes de
la Conception immaculée de la Ste Vierge (ancien office),
de la Maternité et de la Pureté de Marie, la même mélodie sur les mêmes paroles. Voir page 445 (partie d'hiver), page 240* et 243* (partie d'été). Il faut que
dans l'espace d'une année M. Nisard ait fait bien du
chemin en fait de fantaisie. C'est ainsi que la communion
Beata viscera, à laquelle l'édition de Rennes, page 446
(partie d'hiver) et page 242* (partie d'été), conserve
toujours la même mélodie, revêt deux formes différentes,
de différents modes, lorsqu'à deux jours divers de
l'année liturgique, elle doit se reproduire à Paris.
Les voici :

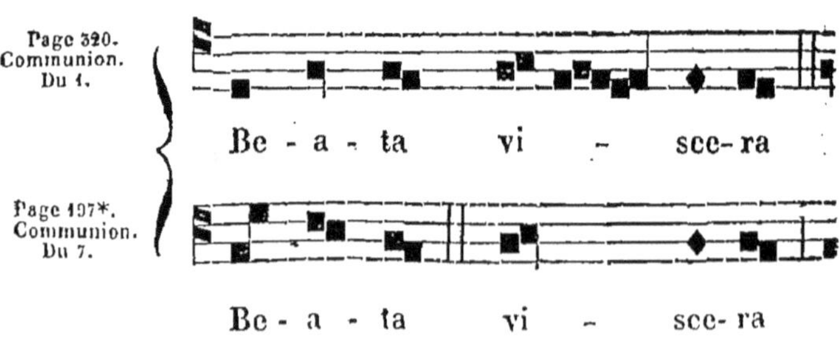

Si ce n'est pas le progrès qui a été cause de cette plus grande abondance de chants divers qui distinguent l'édition de Paris au-dessus de celle de Rennes, c'est peut-être le tact de l'éditeur qui, sachant très-bien ce que c'est que les bienséances oratoires relatives aux lieux, a voulu donner plus de pâture à ce désir de nouveauté et de variété, qui devore assez souvent l'habitant d'une grande capitale.

36. Aussi en comparant les deux éditions de M. Nisard entre elles, on en vient forcément à l'une de ces deux conclusions : ou bien l'auteur des *Etudes* veut servir tout le monde à sa convenance ; ou bien ce que M. Nisard produit en fait de plain-chant est le pur résultat du hasard et de la fantaisie. Et cela n'est pas une de ces assertions

gratuites, jetées en l'air sans motif plausible. Car sur cent pièces du Graduel, il n'y en a pas dix que les deux éditions donnent intégralement de la même manière ; le plus grand nombre de fois on rencontre ou des différences mélodiques, ou des dissemblances dans le placement des barres, ou des variantes dans l'arrangement des groupes de notes.

Comme nous ne voulons pas grossir outre mesure le présent opuscule, nous nous contentons de donner ici la communion *Intellige* du second Dimanche du Carême, telle qu'elle se présente dans les deux éditions.

(1) Dans l'édition de Paris cette communion est notée avec une clef d'*ut* sur la troisième ligne. Nous la donnons ici avec une clef d'*ut* sur la quatrième ligne, afin que le lecteur saisisse plus facilement les divergences mélodiques.

On voit ici que les différences mélodiques sont assez remarquables; puis l'édition de Rennes indique cette pièce comme appartenant au VIe mode, tandis que celle de Paris la désigne comme chant du Ve.

57. Nous engageons beaucoup nos lecteurs à qui les éditions de M. Nisard tomberaient jamais entre les mains, d'examiner dans les deux livres la longue antienne de la Procession du Dimanche des Rameaux *Cum appropinquaret*. L'édition de Rennes, page 210 (partie d'hiver), la dit du VIIIe mode; celle de Paris, page 136, lui assigne le VIIe. Elle se compose en tout de quatre-vingt-six mots, et sur ces quatre-vingt-six mots, il y en a deux,

mihi et *miserere*, qui seuls ont les mêmes notes dans les deux éditions.

58. Comme exemple de morceaux portant diverses indications de mode dans les deux éditions, nous citons encore la communion du XII° Dim. après la Pentecôte *De fructu*. Dans l'édition de Rennes, page 182 (partie d'été), elle est indiquée comme appartenant au VI° mode; celle de Paris, page 285, la donne comme appartenant au III°; et il est impossible d'attribuer cette discordance à une faute typographique, puisque la note finale de la première pièce est *fa*, tandis que dans la seconde on a eu soin de finir par *mi*. Ce sont cependant des morceaux dont le fond mélodique est le même. Au surplus, voici encore quelques indications que nous donnons à nos lecteurs.

59. Que l'on distribue dans le même chœur quelques exemplaires de l'édition de Rennes, et quelques-uns de celle de Paris, que l'on fasse chanter en même temps dans les deux éditions la messe de Dumont (Rennes p. 121 * partie d'été, Paris 147*), l'on se demandera où se trouve cette unité liturgique qu'admire M. Nisard dans les vieilles éditions françaises, puisque les éditions récentes du même admirateur ne peuvent nous la donner pour une pièce quasi-moderne ?

Qu'on fasse la même chose pour les messes des fêtes mobiles de la Passion, pièces relativement récentes qui paraissent avoir eu à peine le temps de s'altérer, et l'on sera frappé du terrible charivari que cela produira. (Rennes p. 226 *, partie d'hiver; Paris p. 152 *).

Même remarque pour la nouvelle messe de l'Immaculée Conception (Rennes p. 449, partie d'hiver; Paris, p. 162 *). Disons plutôt que ce sont deux messes différentes, qu'on s'étonne de rencontrer dans des livres du même éditeur.

L'inspection du chant de la messe de S. Félix de Cantalice (Rennes p. 222*, partie d'été; Paris p. 182*), porterait à croire que M. Nisard a abrégé en 854 le chant qu'il avait donné en 1853.

Les chants des messes des fêtes de la Maternité et de la Pureté de la Ste Vierge ne se ressemblent aucunement. (Rennes p. 240 * et 243 *, partie d'été; Paris p. 196 * et 198 *).

Même remarque pour le chant de la messe du S. Rédempteur (Rennes p. 248*, partie d'été; Paris p. 201*), pour le chant du graduel et de l'*Alleluia*. ℣. *In conspectu* de la messe de S. Raphaël (Rennes p. 253 *, partie d'été; Paris p. 204 *), et pour la messe du Patronage de S. Joseph, à l'exception du premier *Alleluia*. ℣. *De quacumque tribulatione* (Rennes p. 218 *, partie d'été; Paris p. 362), etc. etc. etc.

40. On voit par ce qui précède, que l'arbitraire et la fantaisie jouent un rôle assez remarquable dans les éditions de M. Nisard, lorsque l'on ne considère les chants qu'elles contiennent, que sous le rapport de leur identité ou de leur dissemblance mélodique. Il y a encore un autre point de vue sous lequel on peut envisager la question. Tout le monde sait que ce qui constitue la tonalité du plain-chant, c'est la place qu'occupent les deux demi-tons dans chaque échelle modale, place qui diffère pour chaque mode, mais qui doit invariablement rester la même dans chaque mode. Il n'y a de demi-ton accidentel que par l'emploi du bémol au *si*, et ce signe d'altération ne peut se produire dans le plain-chant, que lorsque cette note *si* est en relation médiate ou immédiate avec le *fa*. C'est en voyant en quels endroits et pour quel motif une édition de livres choraux bémolise le *si*, que l'on peut juger si celui qui y a mis la main, est bien pénétré de la tonalité du chant liturgique; c'est en voyant un même éditeur observer ici toujours une même marche, ou en le trouvant en contradiction avec lui-même, que l'on peut lui appliquer la qualification d'homme sérieux, ou celle de fantaisiste. Or, sur le chapitre du *si* bémol servant à éviter cette relation de *si* contre *fa* qu'on appelle triton, M. Nisard est à peu près insaisissable. Là où nous indiquerions dans ses éditions des relations de triton, parce que nous y voyons le *si* naturel en relation avec

fa, il nous dira tantôt que la fausse relation s'évite dans l'exécution en employant le dièse au *fa*, bien que cet accident ne soit pas indiqué. C'est ce que nous faisions remarquer plus haut, lorsque nous avons confronté l'introït *Invocabit me* de l'édition de Rennes, avec le même introït d'après l'édition de Paris. Dans cette dernière on s'en tire en bémolisant le *si*, et dans la première il faut supposer qu'on dièse le *fa* dans l'exécution. Tantôt il nous dira que la barre de respiration, grande ou petite, détruit cette fausse relation. Avec de tels subterfuges on se met toujours à l'abri de la critique lorsqu'il ne s'agit que d'un passage isolé. Mais on n'en reste pas moins fantaisiste, dès que l'on se trouve sommé de s'expliquer catégoriquement sur la discordance des moyens employés dans des circonstances analogues.

41. Donnons ici quelques échantillons de l'opposition entre les deux éditions de M. Nisard par rapport à l'emploi du bémol au *si*. Voici d'abord un chant bien connu du VIIIe mode.

Le bémol au *si*, ne se présentant que dans l'édition de Paris, on pourrait croire que celle de Rennes évite la relation de triton dans le VIII° mode en supposant que l'on chante *fa* dièse dans ce mode, lorsque le *fa* s'y trouve en relation avec le *si*. Il n'en est rien cependant ; et pour preuve, voici quelques exemples du VIII° mode, où la fausse relation est evitée par l'emploi du bémol au *si* :

De même, d'après le *Veni Creator* de l'édition de Paris, on serait tenté de se figurer que dans le VIIIe mode, cette édition évite toujours la relation de triton en bémolisant le *si*. On se tromperait encore ; car il y a là des exemples du VIIIe mode, où *si* est en relation avec *fa*, sans que l'on ait bémolisé le *si*. M. Nisard nous dira sans doute qu'on évite la fausse relation en chantant *fa* dièse. Voici quelques-uns de ces passages :

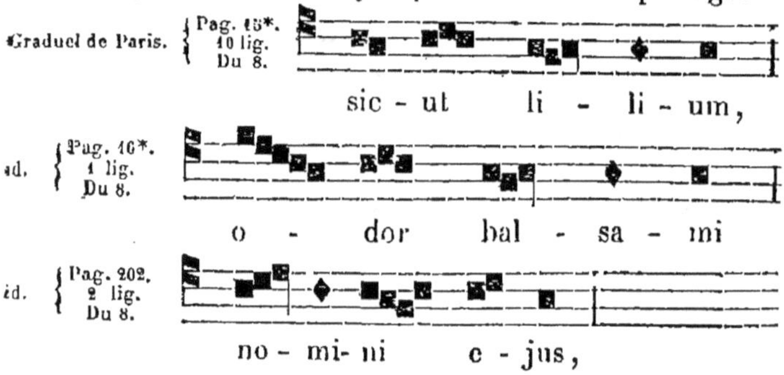

42. Il y a entre les deux éditions du Graduel soignées par M. Nisard une masse d'exemples de contradictions de ce genre, pour tous les modes grégoriens, excepté pour le deuxième.

Nous nous bornons dans ce qui suit, à donner un passage pour chaque mode ; le second n'y figure pas, et nous avons été assez heureux de voir au moins une fois l'éditeur des deux éditions conséquent avec lui-même. Nous accompagnerons chaque exemple des remarques que nous croyons propres à éclairer le lecteur sur sa véritable portée.

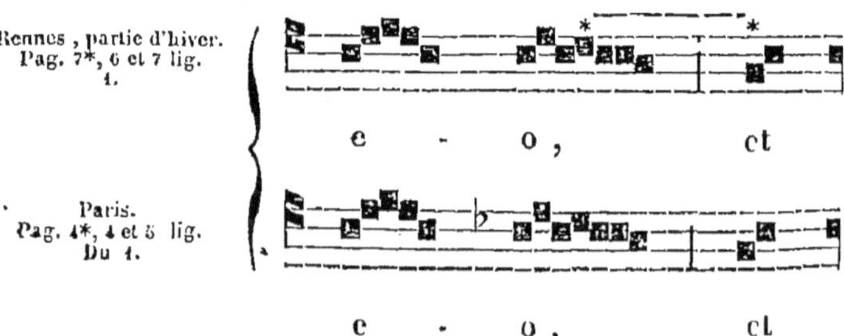

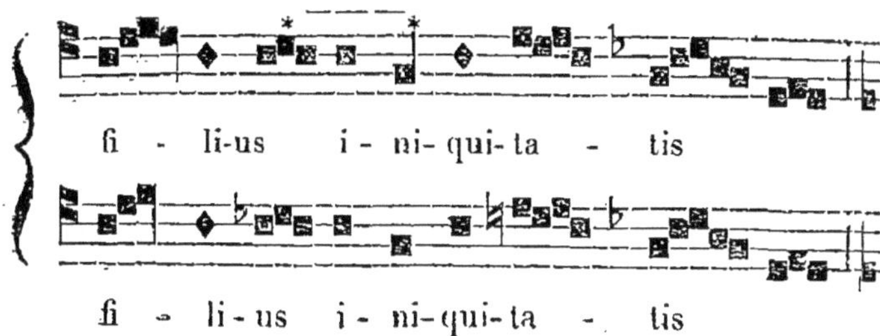

Dans l'édition de Paris on a corrigé les deux relations de triton qui existent dans celle de Rennes ; en outre, remarquez la différence mélodique sur la première syllabe du mot *filius*.

Dans l'édition de Rennes on a évité, en modifiant la mélodie, la relation de triton qui existe dans celle de Paris.

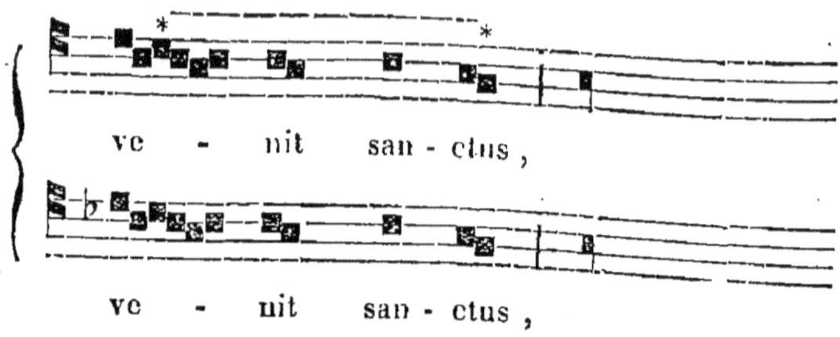

Dans l'édition de Paris on a corrigé la relation de triton, qui existe dans celle de Rennes sur les mots *venit sanctus;* mais dans cette dernière on a évité la relation de quinte mineure qui se trouve dans celle de Paris aux mots *ecce Rex tuus.*

———

Rennes, partie d'été.
Pag. 185, 6 lig.
5.

Paris.
Pag. 284, 4 et 5 lig.
Du 5.

Dans l'édition de Rennes on a évité, en modifiant la mélodie, la relation de triton qui existe dans celle de Paris.

———

Rennes, partie d'été.
Pag. 85*, 6 lig.
6.

Paris.
Pag. 52*, 9 et 10 lig.
Du 6.

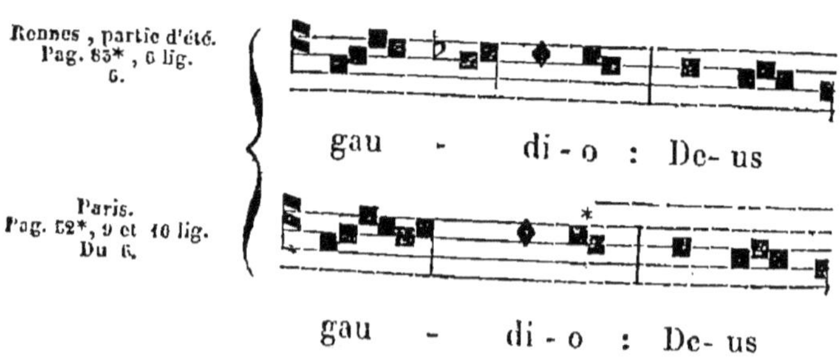

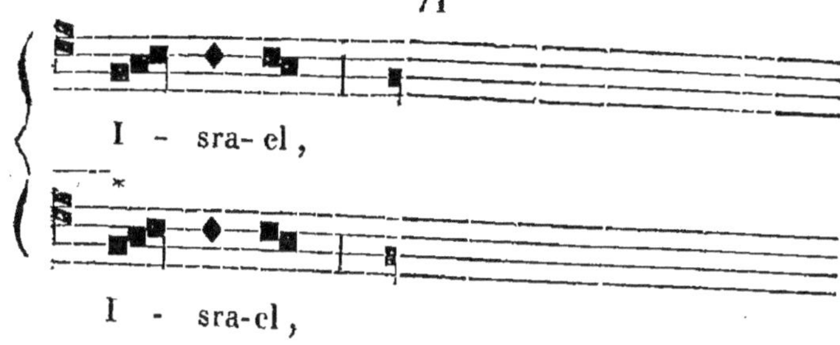

Dans l'édition de Rennes on a évité la relation de triton qui existe dans celle de Paris.

———

Rennes, partie d'hiver.
Pag. 66, 1 lig.
7.

Paris.
Pag. 20, 9 et 10 lig.
Du 7.

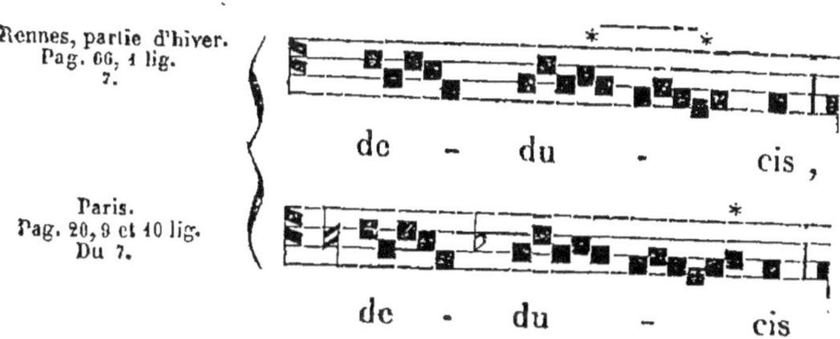

Dans l'édition de Paris on a corrigé la relation de triton qui existe dans celle de Rennes.

———

Rennes, partie d'été.
Pag. 409, 3 lig.
8.

Paris.
Pag. 568, 5 et 6 lig.
Du 8.

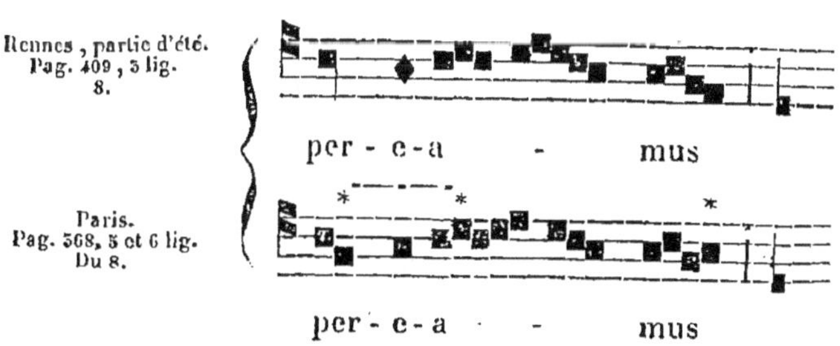

Dans l'édition de Rennes on a évité, en modifiant le mélodie, la relation de triton qui existe dans celle de Paris.

43. A propos de l'exemple du Ve mode que renferme le tableau précédent, il y a encore une obser-
vation curieuse à faire : quand on étudie, non pas
dans les deux éditions à la fois, mais dans la même
édition, la mélodie de certains versets de graduels du
V° mode, on est étonné des contradictions qu'on rencontre. Ainsi dans l'édition de Rennes, page 340 (partie
d'hiver) 6e et 7e ligne, et page 214* (même partie)
7e ligne, on trouve les passages suivants :

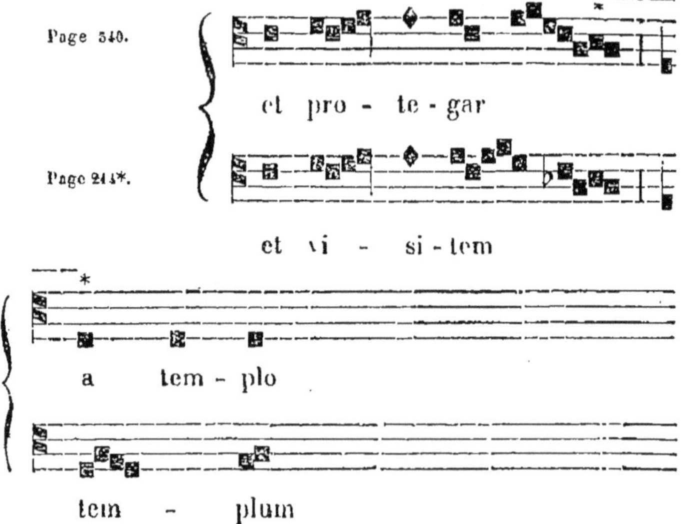

Voilà bien la même phrase mélodique. D'un côté,
page 214*, on emploie le bémol au *si* pour éviter la
relation de triton entre *si-fa*, parce que, sans doute,
on trouve que cette fausse relation existe, malgré la
petite barre de respiration ; et là on a raison. D'un
autre côté, page 340, on n'emploie pas le bémol au *si*,
parce que, sans doute encore, on trouve que cette relation n'existe pas, à cause de la petite barre de respiration ; et là on a tort. Ce dernier cas se présente le
plus souvent dans l'édition de Rennes pour des exemples
analogues.

La même singularité se rencontre dans l'édition de Paris. En voici un exemple ; voyez page 273, 9° et 10° ligne et page 25*, 8° et 9° ligne :

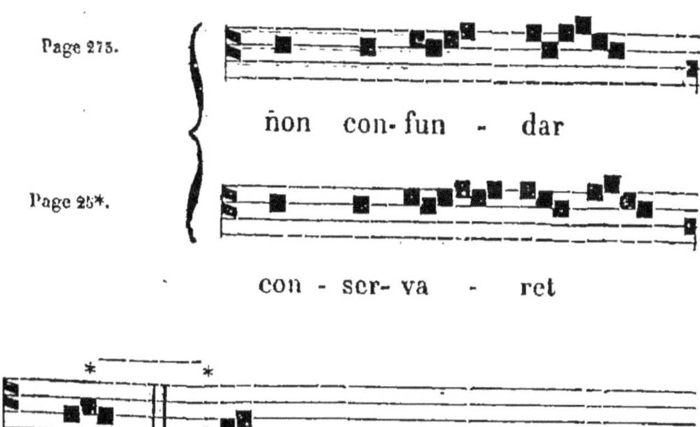

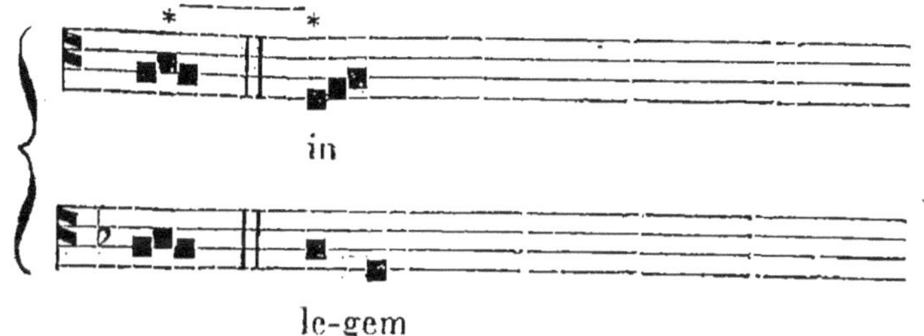

44. Le rapport immédiat ou médiat de *si* à *fa*, ou de *mi* à *si* bémol, fait naître une autre relation également défendue dans les chants diatoniques ; c'est la relation de la quinte mineure. Ici encore les deux éditions du Graduel, soignées par M. Nisard, présentent des contradictions si nombreuses, qu'il nous est impossible de n'en pas relever au moins une pour chaque mode. Nous les donnons tout bonnement sans remarque aucune ; le lecteur saisira facilement, comment dans l'une ou dans l'autre des deux éditions, on a voulu sans doute éviter la relation de quinte mineure, que nous nous bornons à indiquer par des astérisques.

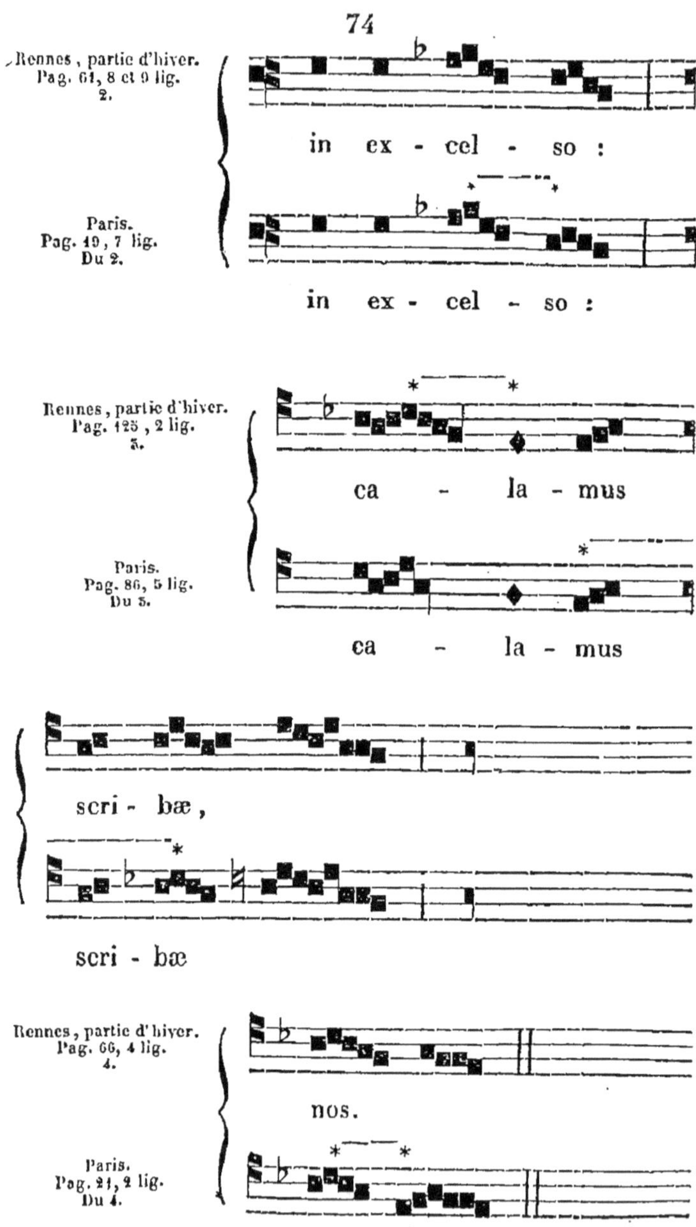
Rennes, partie d'hiver.
Pag. 61, 8 et 9 lig.
2.
in ex - cel - so :
Paris.
Pag. 19, 7 lig.
Du 2.
in ex - cel - so :
Rennes, partie d'hiver.
Pag. 125, 2 lig.
3.
ca - la - mus
Paris.
Pag. 86, 5 lig.
Du 3.
ca - la - mus
scri - bæ,
scri - bæ
Rennes, partie d'hiver.
Pag. 66, 4 lig.
4.
nos.
Paris.
Pag. 21, 2 lig.
Du 4.
nos.

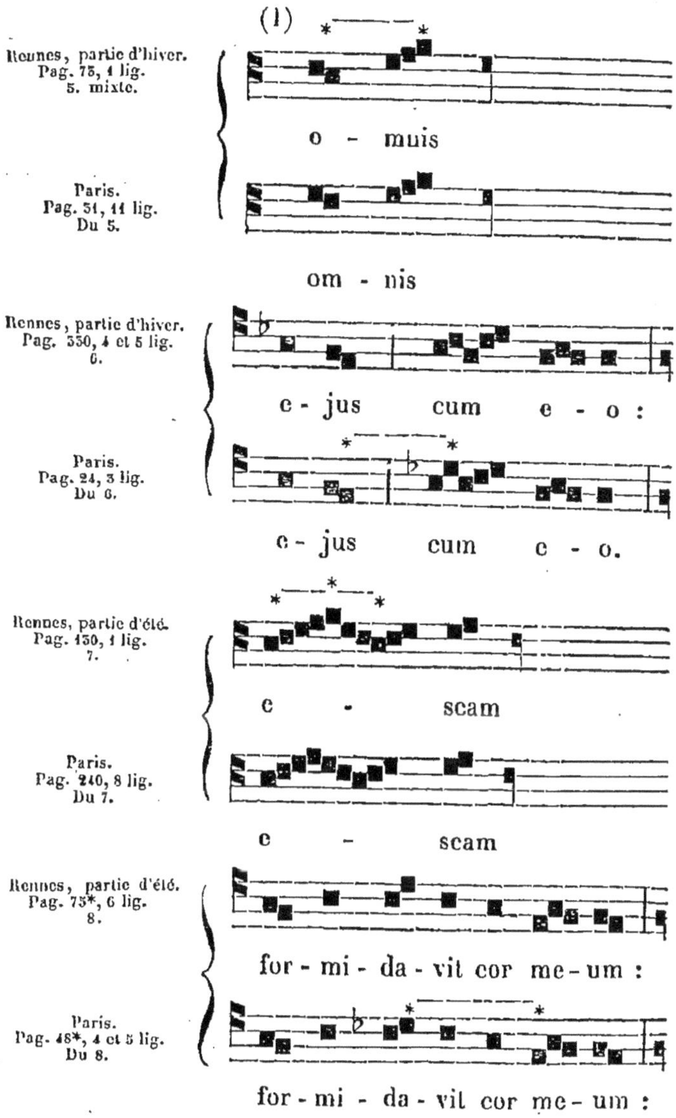

(1)

(1) Dans l'édition de Rennes ce graduel est noté avec une clef d'*ut* sur la quatrième ligne. Nous donnons ici ce passage avec une clef d'*ut*, troisième ligne, pour la plus grande facilité du lecteur.

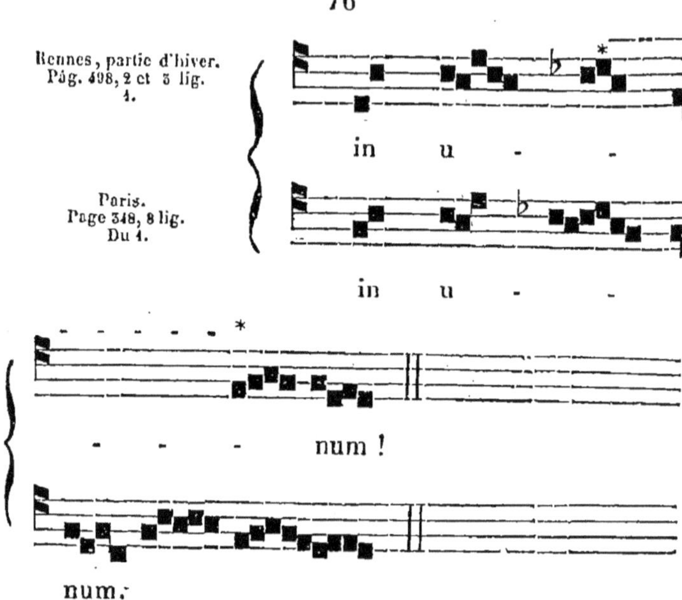

Dans ce dernier exemple on trouvera l'origine d'une foule de relations de quinte mineure, qui se sont produites par des coupures faites sans grande attention. Dans le chant de Paris, page 348, le *si* bémol ne se trouve pas en relation avec le *mi*. Le chant de Rennes, page 498, partie d'hiver, est la même mélodie abrégée par une coupure opérée si maladroitement, que le *si* bémol s'y trouve en relation avec le *mi*.

45. Comme nous le disions tout à l'heure, le bémol accidentel au *si* n'est légitime dans le plain-chant, que lorsque la note *si* se trouve en rapport avec le *fa*. Il n'est aucunement loisible de bémoliser ou de ne pas bémoliser le *si* dans le courant d'une pièce; rien n'est laissé ici à la fantaisie du compositeur; et lorsqu'on s'occupe de plain-chant, lorsqu'on se permet de censurer à tort et à travers les autres, lorsqu'on leur lance à tout bout de champ l'accusation de sacrifier à l'arbitraire et à la fantaisie, on devrait au moins avoir soin de ne pas offrir au public des livres choraux, où les

si bémol non-seulement font leur apparition sans motif aucun, mais où, dans les mêmes circonstances, ils se montrent ou ne se montrent pas, suivant que l'édition sortira de la Bretagne ou de l'île de France.

Les deux éditions de M. Nisard pèchent sous ce rapport en un grand nombre d'endroits, dans presque tous les modes, et quelquefois contradictoirement ; c'est-à-dire, que dans une même pièce, l'édition de Rennes met le bémol au *si* dans tel passage, où l'édition de Paris n'emploie pas ce signe d'altération, et vice versa. Et pour nous borner à un seul exemple de cet emploi illégitime du bémol au *si*, exemple qui se retrouve constamment dans les deux éditions à la fois, citons la mélodie psalmodique de tous les introïts du IV° mode ; par exemple :

Tout le monde sent facilement que la présence du bémol au *si*, dénature complétement cette mélodie. Aussi n'y a-t-il rien que de très-vrai dans ce que dit M. de la

Fage à cet égard, dans l'excellent ouvrage qu'il vient de publier en dernier lieu : « Ailleurs on a gâté cette » formule par l'apposition déplacée du bémol devant le » *si*, qui défigure absolument le quatrième mode. » (*Cours complet de plain-chant*, p. 317). Nous ne voulons pas abuser de la patience du lecteur, en lui soumettant de plus nombreux exemples de la liberté que s'est donnée M. Nisard dans l'emploi du bémol.

46. Avant de quitter ce terrain des lois qui régissent la tonalité du chant liturgique, nous nous devons à nous-mêmes et à ceux de nos lecteurs auxquels le ton décidé de M. Nisard aurait pu en imposer, deux observations.

D'abord, selon M. Nisard, tout ce que nous venons de dire touchant les exigences de la tonalité diatonique, porterait à faux; puisque, d'après lui, le plain-chant n'est pas exclusivement *diatonique* (*Etudes*, p. 19, 20, 387 etc.). Il allègue surtout en preuve de son assertion, page 14 de ses *Etudes*, un texte de S. Odon abbé de Cluni, transcrit du 1ᵉʳ volume des *Scriptores* de Gerbert, et, page 16, un autre texte de Réginon abbé de Prum, dont il a trouvé la lettre adressée à Rathbod évêque de Trèves, en forme de traité didactique, en tête du manuscrit de Montpellier. Voici notre réponse : Si nous voulions examiner le fond de la thèse de M. Nisard, nous croyons qu'elle pourrait bien ne pas se décider en sa faveur. Nous n'avons pas le texte de Réginon, tel que le donne M. Nisard; mais quant à celui de S. Odon, il est certain que l'auteur des *Etudes* l'a interprété d'une manière qui est loin d'être la bonne. Heureusement il n'est pas besoin d'avoir sondé la force des arguments de notre adversaire, pour qu'il nous soit permis de garder la conviction que nous avons eue jusqu'aujourd'hui, et qui, comme M. Nisard le dit lui-même page 387, *est aussi l'avis de tous les musicologues*. Nous continuons donc à affirmer, que le plain-chant est exclusivement diatonique; et les difficultés que M. Nisard trouve à cette thèse, n'ont fait que nous raffermir dans

cette conviction. Nous disons qu'on peut en toute sureté
soutenir que la nature du plain-chant est exclusivement
diatonique, parce que ce n'est qu'en tremblant et sous
forme de question que M. Nisard se demande, page
20 : « Sans doute, la tonalité du chant grégorien est
» diatonique, c'est la règle générale : mais en connaît-
» on toutes les exceptions pratiques ? » Remarquez les
exceptions *pratiques*. C'est comme si l'on disait : Oui,
le chant grégorien est diatonique; mais ceux qui l'exé-
cutent ne manquent-ils jamais contre cette tonalité? Ne
font-ils pas des demi-tons là où il n'en faut pas ? Certainement, Monsieur; mais là n'est pas la question.
Plus loin l'auteur des *Etudes* paraît encore plus timide.
Page 20, on lit : « En attendant que les érudits aient
» patiemment résolu le problème de la tonalité litur-
» gique, on me permettra etc. » Page 521, il dit :
« La tonalité grégorienne n'est pas encore bien connue,
» et il faut que les érudits l'étudient d'une manière
» sérieuse et profonde. » Si tout cela est comme le dit
M. Nisard, ou plutôt, si cette incertitude sur la tonalité
grégorienne n'existe pas, et cela encore une fois d'a-
près ses *Etudes*, puisque, page 387, le genre musical
grégorien est exclusivement diatonique de *l'avis de tous
les musicologues*, qui sont bien les seuls érudits capa-
bles de s'occuper de cette question: s'il en est ainsi,
on nous saura gré de passer outre, et même d'avoir
mis à nu le néant d'une difficulté qui en réalité n'est là,
que pour excuser plus ou moins l'immense tohu-bohu
des choses inconciliables, que renferment les éditions
de Rennes et de Paris.

47. Ensuite, dans le *Bulletin* de sa *Revue de musique
ancienne et moderne*, livraison de Février 1856, page
25 et 26, l'auteur des *Etudes* s'occupe de nos derniers
opuscules. Il y dit : 1° « Le *Graduel* de 1614-1615 n'abrége
» pas *l'ancien chant grégorien* comme tous nos vieux
» livres français : il offre un chant très-rapide sans
» doute, mais *tout nouveau et ne se rattachant à rien
» d'antique et de traditionnel*. Là est toute la question,

» et, jusqu'à ce que l'on nous prouve que nous sommes
» dans l'erreur sur ce point, nous regarderons l'œuvre
» de MM. Bogaerts et Duval comme la meilleure et la
» plus intelligente restauration des temps modernes,
» comme une entreprise qui fait le plus grand honneur
» au pieux, au savant et au très-éminent Cardinal-
» Archevêque de Malines, dont nous respectons hum-
» blement l'autorité, mais qui ne peut, à aucun titre,
» être considérée *comme une véritable restauration du*
» *plain-chant grégorien.* » La preuve que demande ici
M. Nisard se trouve dans le présent opuscule. 2° « Nous
» dirons en terminant qu'il nous est difficile de com-
» prendre pourquoi M. Duval s'obstine à soutenir que
» les successions mélodiques de *fausse quinte* sont con-
» traires à la tonalité du vrai plain-chant ? La *fausse*
» *quinte* est bien un renversement du *triton ;* mais
» qu'est-ce à dire ? s'ensuit-il que le *triton* étant
» prohibé dans le chant grégorien, son renversement
» le soit aussi ? Ce serait là une assertion *toute gratuite,*
» une assertion qui ne repose sur aucun témoignage
» ancien, et dont par conséquent nous n'admettons pas
» la légitimité. » Nous avons donné ailleurs *(Etudes*
sur le Graduel édité à Paris chez Le Coffre en 1851) le
texte d'Hermann-le-Contract, qui proscrit formellement la
quinte mineure du nombre des quintes usitées dans le
plain-chant. 3° Page 26 : « Et, d'ailleurs, comment
» M. Duval ne s'aperçoit-il pas que, si la *fausse quinte*
» est interdite dans le plain-chant, il en résulte tout
» aussitôt que la psalmodie du *septième mode,* par ex-
» emple, doit-être biffée de tous nos *Vespéraux ?*
» J'ouvre au hasard la seconde édition du *Vesperale*
» *romanum* (Malines, 1854) dont il a eu l'exquise bonté
» de m'envoyer dernièrement un exemplaire, et j'y vois,
» p. 233, l'exemple suivant :

De - us, DE- us ME - us, *etc.*

» J'ouvre maintenant les *Etudes sur les livres cho-*
» *raux* à la page 28, et, en tête des exemples qui sont
» réputés mauvais et contraires à la tonalité grégorienne
» par suite de la *fausse quinte*, je trouve le passage que
» voici :

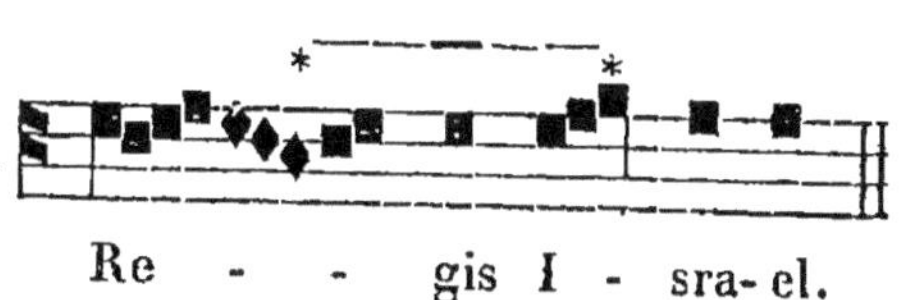

» Or, je le demande, si MM. Duval et Bogaerts regar-
» dent ici cette formule comme mauvaise, pourquoi
» l'ont-ils employée comme pratiquement bonne dans le
» chant du psaume *Deus*, *Deus meus* et dans une foule
» d'autres cas analogues ?

» J'attends, sur ce point, une réponse claire et nette
» dans la *Revue;* et puis, le légitime emploi du *triton*
» dans le chant grégorien viendra nous suggérer d'autres
» considérations qui ne seront pas à l'avantage des nou-
» veaux livres de chant liturgique de Malines. »

48. Nous ne sommes nullement étonnés de l'objection
que nous fait ici M. Nisard. Nous nous la sommes faite
mille fois à nous-mêmes, avant comme après l'impression
de nos livres choraux ; et pourtant nous croyons qu'on
ne saurait nous accuser ici de contradiction. La mélodie
psalmodique du VII° mode, comme toute mélodie psalmodique, se compose dans sa première partie de *l'into-*
nation ou *inchoation*, qui se chante sur le commencement du premier hémistiche ; de la *teneur* ou *dominante*
destinée au corps, c'est-à-dire, à la plus grande partie des
paroles de cet hémistiche ; et de la *médiation*, qui le
finit. Malgré sa marche ascendante du *si* au *fa*, cette mélodie ne peut être considérée comme contenant une relation entre ces deux notes, parce que le grand nombre de
syllabes qui se chantent sur la teneur, et par conséquent
l'audition plusieurs fois réitérée de cette teneur, brise

l'action que le *fa* pourrait avoir sur le *si*. Malheureusement lorsque le premier hémistiche du verset est très-court, comme dans l'exemple très-bien choisi par M. Nisard, ce qui empêchait la fausse relation disparaît. Mais comme ce cas ne se présente que très-rarement; comme dans le chant des psaumes de l'office, il ne peut même jamais se présenter qu'au premier verset, car tous les autres débutent immédiatement par la teneur ; de plus, comme la plupart des premiers versets pouvant donner lieu à l'inconvénient susdit, se chantent seulement dans l'office férial, où il n'y a jamais d'intonation ; nous ne nous sommes pas cru obligés de modifier cette mélodie psalmodique du VIIe mode. En d'autres termes, si le passage *Deus, Deus meus*, se présentait à tout autre endroit de nos livres que dans une mélodie psalmodique, nous l'en eussions impitoyablement banni ; nous ne lui accordons l'hospitalité, à lui et aux quelques passages psalmodiques qui lui ressemblent, qu'en considération de leur origine légitime, en considération de la vraie mélodie psalmodique du VIIe mode, où l'effet de la relation de *si* à *fa* n'existe pas, et dont leur peu de développement a malheureusement perdu le vrai caractère diatonique, caractère qui exclut la relation de la quinte mineure aussi bien que celle du triton.

Nous pensons que ce qui précède, peut s'appeler *une réponse claire et nette*. Seulement nous ne la donnons pas dans la *Revue de musique ancienne et moderne*, parce que des raisons majeures que M. Nisard appréciera mieux que tout autre, nous en empêchent. Si, dans la suite, le rédacteur en chef de cette *Revue* trouvait bon de s'occuper encore de nous ou de nos livres, que ce fût sur *le légitime emploi du triton dans le chant grégorien* ou sur toute autre question, que ce fût *à l'avantage* ou au désavantage *des nouveaux livres de chant liturgique de Malines*, nous tenons à lui déclarer ici, que nous sommes irrévocablement résolus à ne lui répondre, que lorsque nous en sentirons la nécessité ou l'opportunité, et que notre mode de publication sera toujours celui du présent opuscule.

III

49. Après tout ce qu'on vient de lire, on se demandera sans doute : Mais que veut donc l'auteur des *Etudes?* Quelles sont ses vues sur la restauration du chant liturgique? Quelle marche a-t-il suivie dans les éditions qu'il a données lui-même? Rien ne nous paraît à la fois plus difficile et plus facile que de satisfaire à la juste curiosité de nos lecteurs.

D'abord rien n'est plus difficile, si l'on envisage le faire et le dire de M. Nisard au point de vue des principes. Réunissons ici les principales maximes que sous ce rapport on rencontre dans les *Etudes.* Nous avons mieux aimé reproduire dans ce qui va suivre les propres expressions de M. Nisard, que de nous exposer à en affaiblir la portée en les résumant.

Page VIII : « Les érudits pourront se convaincre que
» la plupart des plans de restauration auxquels on veut
» soumettre le chant grégorien depuis quelques années ,
» offrent tous les caractères d'un immense danger pour
» la Religion. »

Page 7 : « Etablir des écoles en faveur des maîtres dans
» l'art du chant grégorien ; exiger d'eux les connaissan-
» ces du latin et de l'histoire de la liturgie musicale ; les
» familiariser avec la pratique des plus graves et des plus
» nobles procédés de l'art moderne; leur apprendre à
» regarder la mélodie sacrée comme une sévère et majes-
» tueuse déclamation lyrique : mais en même temps, lais-
» ser à ces artistes et à ces exceptions toute leur sponta-
» néité, et publier, en faveur des chantres ordinaires et
» des fidèles, des éditions de livres de chœur simples,
» faciles, dégagées de tout fatras scientifique, et en rap-
» port avec des traditions immémoriales sanctionnées par
» l'Eglise elle-même, telle est, à notre avis, la seule
» marche à suivre qui ait quelque chance de succès. »

Page 20 : « Je ne crains pas de le proclamer bien haut :
» non, ce n'est point sous l'empire de pareils principes »

(les principes de M. Duval) « que doivent agir les vrais
» restaurateurs du plain-chant. Je crois avoir ouvert une
» voie nouvelle ; qu'on y entre donc avec ardeur et sans
» préjugés ; plus la tâche est grande, plus elle est digne
» des intelligences qui se vouent sans réserve au triomphe
» de toutes les questions religieuses ! »

Page 26 : « Je n'ai pas la prétention d'expliquer ici
» toutes les modifications qui se sont introduites succes-
» sivement et peu à peu dans le canevas des mélodies de
» Saint Grégoire, encore moins de les approuver d'une
» manière quelconque : seulement, je constate des faits
» généraux, et j'essaie de les expliquer et de leur assi-
» gner une cause historique.

» Or, il me semble démontré que cette cause, c'est la
» volonté même de l'Eglise qui a, de sa propre autorité,
» abrégé les offices du culte sous le rapport du chant
» comme sous celui du texte liturgique. Je ne crois pas
» que l'Eglise consente à se déjuger sur ce point.

» En présence de cette volonté sage et souveraine, les
» érudits comprendront enfin la véritable mission qu'ils
» ont à remplir et que je résume en ces quelques mots :
» *Retrouver archéologiquement les mélodies de Saint Gré-*
» *goire, et opérer une grande fusion entre toutes les éditions*
» *existantes de ces mélodies, en rectifiant d'après les vrais*
» *types et avec l'approbation formelle du Souverain Pontife,*
» *les abréviations maladroites ou fautives et les additions*
» *non moins répréhensibles qui défigurent nos livres de chant.*

» Quelle immense entreprise ! que de temps, que de
» recherches, que de patience il faudra pour arriver à ce
» résultat désirable et définitif ! et que de prudence ne
» doit-on pas avoir pour ne point entraver une œuvre si
» difficile par un zèle indiscret !

» Et lorsque l'on sera fixé sur la nature même de la
» phrase grégorienne, l'œuvre de réhabilitation ne sera
» pas encore terminée complétement ; il restera d'autres
» questions fort épineuses à résoudre : notamment, celles
» qui ont rapport à *l'accentuation,* à la *rhythmique* et à la
» *métrique.* »

Page 268 : « Bien étudier la notation du plain-chant
» dans ses rapports avec la simplification des éléments
» qui la composent et qui sont la tendance de l'art ; faire
» un appel aux progrès de la typographie pour réaliser,
» le plus possible et prudemment, les améliorations
» d'une sémiologie dont les caractères distinctifs doivent
» être préservés de l'action du vandalisme, et dont cepen-
» dant les éléments peuvent et doivent se perfectionner,
» — telle est la thèse que je ne crains pas de prendre en
» main avec toute l'énergie dont je suis capable.

» Si une pareille thèse constitue le programme d'une
» école, je n'hésite pas à m'en déclarer le chef et le
» défenseur. »

Page 269 :. « Quel parti prendra-t-elle » (la typographie moderne) « définitivement, lorsqu'elle devra
» reproduire le chant grégorien à la restauration duquel
» on se dévoue maintenant avec la plus louable ardeur ?
» N'est-il pas urgent de lui préparer la voie qu'elle
» devra bientôt suivre, qu'elle doit même suivre le
» plus possible, dès à présent, dans les éditions provi-
» soires et transitionnelles ? »

Page 390 : « On peut se récrier : il faudra toujours
» en venir, dans la pratique actuelle, au sentiment de
» M. de la Fage. Ce qui me console, c'est que, pen-
» dant que le docte écrivain posait en tête de son livre
» les belles maximes que l'on vient de lire, je les met-
» tais à exécution dans les éditions de chant romain
» que j'étais chargé de surveiller à cette époque, édi-
» tions qui sont maintenant terminées. Ainsi, deux
» praticiens se rencontraient dans la seule vraie manière
» de réaliser la restauration du chant grégorien : isolés
» et conduits par leur instinct du possible et de l'utile,
» ils laissaient de côté toutes les grandes questions d'ar-
» chéologie et de science, pour aborder franchement
» et carrément une ligne de conduite exempte de tout
» péril, respectant les traditions de l'Eglise, ménageant
» le budget des diocèses, tenant compte de la situation
» actuelle de l'art, redoutant les conséquences de l'in-

» connu, procédant avec une extrême réserve, et re-
» poussant avec énergie toute tentative qui pourrait
» paraître aléatoire. »

Page 458 : « Je n'ai nul souci de m'étendre longue-
» ment sur les éditions de chant romain que j'ai diri-
» gées en 1853, 1854 et 1855, pour M. Adrien Le
» Clerc à Paris et M. Vatar à Rennes. Toutes les doc-
» trines du présent ouvrage montrent, jusque dans les
» plus petits détails, le but que je voudrais pouvoir
» atteindre, *si j'étais parfaitement libre*, et la tendance
» de mes travaux en vue d'une édition définitive de
» chant grégorien à l'usage des temps modernes. Ce
» que j'ai fait, ce que je pourrai faire plus tard en pa-
» reille matière, tendra toujours à la réalisation com-
» plète d'une réforme prudente du chant grégorien,
» tel que les besoins présents l'exigent. J'écarterai le
» plus possible, de ma route, les obstacles qui s'op-
» posent à l'accomplissement d'une restauration que je
» crois être la seule vraie. Je profiterai des bons con-
» seils, je respecterai le travail de mes devanciers, je
» ne ferai le deuxième pas que lorsque je serai sûr
» d'avoir bien fait le premier, je tâcherai de ne jamais
» compromettre la vérité, et je prendrai, partout où
» elles se trouvent, les choses vraiment utiles à la
» cause du plain-chant. En un mot, m'identifier avec
» l'esprit de l'Église Catholique, sacrifier mon amour-
» propre à l'autorité légitime, me défier des hasards
» d'une vaine érudition, bien étudier ce que je propose
» pour ne point proposer des améliorations litigieuses
» et incertaines, m'efforcer de servir la sainte Église
» elle-même avant de servir ma petite vanité qui par-
» fois pourrait être très-grande et très-désastreuse, ne
» rien mettre du mien autant que possible, puiser tou-
» jours, et de préférence, aux sources des traditions
» qui relient le présent au passé, tenir compte des in-
» térêts de l'art religieux et du budget des diocèses ;
» me rappeler constamment qu'entre saint Grégoire et
» le xixe siècle il y a le Concile de Trente et beaucoup

» de conciles provinciaux, — telle sera toujours, si
» le bon Dieu m'en fait la grâce, la ligne de conduite
» de son pauvre serviteur. »

Page 460 : « Entre le but final que je propose et ces
» vieilles éditions que je défends, il y a un milieu qu'il
» faut combler avec prudence, lentement, d'une ma-
» nière successive et partielle, en s'efforçant toujours
» d'amener chaque progrès aussi doucement que pos-
» sible, afin de ne point jeter de perturbation dans le
» culte et dans les usages religieux.

» C'est à ce dernier point de vue qu'il faut se placer,
» si l'on veut bien comprendre la portée des éditions
» de livres de chant romain qui, à titre de *transitoires*,
» pourraient se publier en vue d'une restauration sage-
» ment progressive. Celles que j'ai dirigées, rentrent
» nécessairement dans cette catégorie, et n'aspirent
» point, on peut m'en croire, au rang d'*éditions défi-*
» *nitives et complètes*. Ce n'est pas à dire, pour cela,
» que je m'y restreigne *à la très-utile, mais inerte,*
» *passive et triste profession de correcteur d'épreuves;* et,
» au pis aller, je préférerais encore ce rôle, humble,
» fécond, honorable, à celui de gâte-pâte en fait de
» plain-chant. Je sens que je porte en moi l'étoffe d'un
» innovateur, mais je me défie tellement de moi-même
» et de mes prétendues connaissances dans *la pratique,*
» *la théorie* et *l'histoire du plain-chant,* que j'ai toujours
» peur de m'égarer et d'égarer les autres, lorsque
» j'écris sur ces matières délicates et difficiles. Plus je
» lis, plus je vois que l'horizon de la science est vaste,
» et que j'ai médité mille fois tel ou tel passage des
» vieux écrivains sur le plain-chant, sans me douter le
» moins du monde que, mille fois aussi, j'ai coudoyé
» la vérité sans m'en apercevoir, et souvent soudé un
» anneau de plus à la chaîne de l'erreur ou de la rou-
» tine, avec la meilleure volonté du monde de défendre
» énergiquement les vrais principes et la bonne doc-
» trine. »

Enfin, page 521 : « En terminant cet ouvrage, je sens

» la nécessité d'en bien préciser les principales consé-
» quences.

» Je regarde toute restauration archéologique du
» plain-chant grégorien comme une chose possible peut-
» être pour la science, mais comme une chose mauvaise
» en tant qu'entreprise pratique et usuelle.

» Je ne crois pas que la tonalité du plain-chant soit
» incompatible avec notre tonalité musicale moderne.
» Seulement, la tonalité grégorienne n'est pas encore
» bien connue, et il faut que les érudits l'étudient
» d'une manière sérieuse et profonde.

» A côté de la question de tonalité, il y a une ques-
» tion de purs détails dans le nombre des notes qui doi-
» vent former le chant liturgique actuel.

» Depuis trois cents ans au moins, l'Eglise veut l'a-
» bréviation de ce chant. Je demande que l'on respecte
» la volonté de l'Eglise, ici comme en toutes choses.

» Le nouveau chant doit donc être abrégé, mais à la
» condition cependant qu'il dérivera de l'ancien.

« Depuis trois siècles, cet immense travail d'abré-
» viation s'est fait avec beaucoup d'ensemble. On doit
» en tenir compte et respecter nos vieilles éditions de
» chant liturgique, parce qu'en les méprisant on nui-
» rait à l'unité qui est le vœu de tous et la plus ardente
» aspiration de l'Eglise. . . . » Page 522 : « Par une
» admirable destinée encore la France a préludé, plus
» qu'aucune autre nation, à l'unité de liturgie musicale
» que l'on veut aujourd'hui. Sous la grande inspira-
» tion du Concile de Trente, la Fille aînée de l'Eglise
» a mis, sur le front du chant liturgique, une sorte de
» marque indélébile qui en détermine nettement les
» destinées futures. C'est là le point de départ de toute
» restauration possible et bonne pour les âges modernes.

» La tâche du xix° siècle n'en sera pas moins méri-
» toire, quoique modeste. Considérée même à ce point
» de vue, la réforme du chant grégorien offre encore
» des difficultés sérieuses. Indépendamment des ques-
» tions rhythmiques et métriques dont on n'a pas assez

» tenu compte parce qu'on ne les avait pas suffisamment
» étudiées, n'a-t-on pas devant soi toute la révision de
» nos livres de chœur d'après les anciens manuscrits ?
» N'est-il pas évident qu'il faut vérifier l'exactitude et la
» convenance des coupures mélodiques qui ont été
» faites aux xvi° et xvii° siècles? N'y a-t-il pas aussi des
» améliorations à réaliser dans la typographie du chant?
» Ne doit-on pas créer tout un système de moyens
» pratiques qui puissent permettre aux fidèles de chan-
» ter le latin comme s'ils le comprenaient ? Est-ce peu
» de chose que de déterminer, une bonne fois pour
» toutes, l'harmonie qui convient à l'austère tonalité
» du plain-chant? Enfin, compte-t-on pour rien l'éta-
» blissement d'écoles spéciales pour l'enseignement
» philosophique, historique et pratique de tout ce qui
» se rattache à l'auguste langage musical que l'Eglise
» maintient et veut maintenir, de préférence à tout
» autre, dans les cérémonies de son culte ?

» On le voit : il y a beaucoup à faire, et si j'ai publié
» ce livre, c'était afin de sonder l'étendue du travail,
» d'en préciser la nature, d'en circonscrire les limites,
» et d'empêcher, par tous les moyens possibles, que
» les forces vives des ouvriers appelés à restaurer le
» chant de saint Grégoire, ne se consumassent plus
» longtemps en pure perte dans des entreprises inu-
» tiles ou dangereuses.

» Et maintenant, je termine en faisant un loyal appel
» à tous les érudits qui ont consacré leurs veilles à
» l'étude de la restauration du chant liturgique. Plus
» que jamais, les dissensions intestines doivent s'effacer
» en présence des périls qui menacent l'avenir de
» l'œuvre de saint Grégoire. Le sort de la question est
» entre les mains des savants hommes qui, de nos
» jours, font la gloire du monde musical. »

Cette dernière citation est tirée du chapitre final des
Etudes, où l'auteur tire ses conclusions. Et maintenant
nous demandons, si nous n'avons pas raison dire que
rien n'est difficile comme de préciser ce que veut M.

Nisard au point de vue des principes qui doivent présider à la publication des livres de plain-chant ? Si d'autres sont assez heureux pour saisir sous ce rapport le programme de l'auteur des *Etudes*, nous avouons franchement qu'après l'avoir lu et relu plusieurs fois, nous n'avons pu en démêler le fond théorique.

50. D'un autre côté, rien ne nous paraît plus simple que d'indiquer la marche que suit M. Nisard dans la publication de ses livres choraux, lorsqu'on se place au point de vue pratique. Nous regrettons d'avoir à manifester ici nos opinions sur une matière que, certes, nous ne traitons qu'avec répugnance ; mais enfin nous devons en prendre notre parti. Ce n'est pas de notre côté qu'a surgi la polémique que nous soutenons dans cette brochure ; nous ne faisons ici que répondre aux provocations singulières d'un auteur, qui nous force à demasquer le jeu caché de ses attaques, sous peine de laisser le public dans l'erreur sur nos travaux et sur l'importance que l'on doit attacher à la manière dont M. Nisard les apprécie. Voici donc tout le système pratique de notre adversaire : on sait que M. Nisard a déjà publié, et presqu'en même temps , deux éditions de livres choraux dont le plus grand défaut n'est, certes, pas celui de se ressembler trop. En homme habile qui sent le côté faible de cette position , côté qui irait encore plus en s'affaiblissant , si jamais l'auteur des *Etudes* était encore appelé à en donner une troisième ou une quatrième, ce qui ne nous paraît pas impossible ; en homme qui veut se donner l'air de ne pas même soupçonner ce qu'il y a d'artistiquement ridicule dans ce métier de fournisseur de livres liturgiques pour tout les goûts ; l'auteur des *Etudes* émet certains avis, dont l'ensemble ne tend qu'à justifier cette singulière vocation qui , à notre escient, n'a pas eu jusqu'ici d'exemple. Pour qu'une telle position ait sa raison d'être, il faut donc d'abord, qu'il soit nécessaire de donner de nouvelles éditions. Aussi M. Nisard a grand soin de supposer et de prouver cette nécessité , en trouvant mauvais tout

ce qui s'est fait hors de son cercle d'activité ; il n'y a d'exception que pour *nos vieilles éditions françaises et belges;* mais celles-ci étant donc vieilles, sont naturellement plus ou moins rares ou usées, et appellent à grands cris qu'on les réimprime, ou qu'on les remplace par d'autres. Avec cette nécessité reconnue il faut de plus, pour que le personnage se soutienne avec honneur, que le public ne voie rien de choquant dans ce spectacle d'un éditeur se déclarant aujourd'hui pour telle version, demain pour telle autre ; il faut que jamais on ne puisse lui reprocher d'avoir *vaincu Protée.* C'est pour cela que, si M. Nisard trouve d'un côté *nos vieilles éditions françaises et belges* assez bonnes, de l'autre, il a soin de nous faire savoir que les éditions qu'il soigne ne sont que des éditions *provisoires, transitoires.* Et afin que ce provisoire puisse durer encore quelque temps, il s'empresse de présenter la question du plainchant comme encore très-éloignée de sa solution ; il faudra de longues études, « *et lorsque l'on sera fixé* » *sur la nature même de la phrase grégorienne, l'œuvre* » *de réhabilitation ne sera pas encore terminée complétement; il restera d'autres questions fort épineuses à* » *résoudre.* » (p. 27 des *Etudes*).

51. On comprendra maintenant ce respect qu'affecte M. Nisard pour les personnes, même pour celles dont il blâme les travaux. Il ne faut pas trop effaroucher ceux avec qui on pourrait peut-être un jour devoir naviguer de conserve, si le vent et l'occasion le voulaient; on ne sait pas ce qui peut arriver. Il n'y a sous ce rapport que deux ou trois exceptions dans tout l'ouvrage de notre adversaire. Ce sont d'abord les membres de la commission Rémo-Cambrésienne, pour qui il n'y a dans les *Etudes* ni trève ni merci. Faut-il en conclure qu'aux yeux de M. Nisard, l'avenir est tout fermé de ce côté-là ? Nous n'en savons rien. Ensuite c'est feu le R. P. Lambillotte, qui certes ne répondra plus, et dont l'auteur des *Etudes* nous communique la correspondance avec un laisser aller, dont nous doutons fort que le défunt eût été très-

charmé. C'est enfin le savant M. de Coussemaker, que M. Nisard cite quelquefois pour le contredire, mais que, sans doute à raison de sa réputation trop bien méritée et trop bien établie, il s'est abstenu de traiter sur le même pied cavalier dont il use envers la commission de Reims-Cambrai et le R. P. Lambillotte. Mais pour tous les autres, mais pour M. de la Fage, mais pour M. d'Ortigue, mais pour M. Jouve, mais pour nous-mêmes, mais pour M. Fétis, que de compliments, que de très-humbles hommages ! Pour ce dernier surtout, avec qui M. Nisard eut, il y a quelques années, une polé-mique dont il voudrait aujourd'hui faire oublier la *vivacité regrettable*, comme il s'exprime dans le premier numéro de sa *Revue* page 1, pour M. Fétis, qu'il regarde à l'heure qu'il est, comme occupant *la première place parmi les restaurateurs modernes du plain-chant* (*Etudes* p. 371), l'auteur des *Etudes* ne laisse passer aucune occa-sion sans lui donner un coup d'encensoir, même lorsqu'il n'est pas de son avis. Il va jusqu'à lui témoigner en public le repentir qu'il éprouve de l'avoir combattu autrefois d'une manière si verte. « Je regrette profondément, » dit-il, (*Etudes* p. 374), « la vivacité avec laquelle j'ai com-
» battu, en cette circonstance, un homme dont l'immense
» érudition est si fort au-dessus des prétentions des res-
» taurateurs qui, dans ces derniers temps, ont pris ses
» idées, ses plans, ses moyens, ses dépouilles en un mot,
» et ont parodié grotesquement son génie. A l'heure qu'il
» est, la réforme de M. Fétis serait un bienfait, etc. »

52. Voici un échantillon des révérences de l'auteur des *Etudes*, lorsqu'il se trouve en présence de M. de la Fage et de M. d'Ortigue et qu'il va leur dire qu'il n'est pas de leur avis, p. 149 : « Si je ne connaissais point M. de
» la Fage et M. d'Ortigue; si je n'avais pas pour leurs
» personnes et leur érudition la plus profonde estime ;
» si le dernier ouvrage de M. de la Fage n'était point
» un bon livre; si le beau *Dictionnaire de plain-chant* de
» M. d'Ortigue n'était pas une encyclopédie essentielle-
» ment catholique et digne d'une congrégation de Bé-

» nédictins tout entière : je crierais, en citant ici l'opi-
» nion de ces deux auteurs, à l'hérésie des protestants
» et des iconoclastes d'un nouveau genre ; mais M. de
» la Fage est un véritable musiciste qui défend avec
» conviction l'art religieux ; c'est un homme de cœur,
» d'un caractère franc, spirituel, incisif, convaincu ;
» mais M. d'Ortigue est une intelligence supérieure,
» dévouée à tout ce qui est religieux et vrai, à tout ce
» qui est philosophique et transcendant : sa plume est
» honorée de tous, et il a eu le bonheur de combattre
» toujours noblement ce qu'il croyait faux ou mauvais
» dans l'art musical, sans jamais susciter d'inimitié dans
» le cœur de ses adversaires. Avec de pareils hommes,
» il m'est donc facile de discuter efficacement. »

53. Nous croyons que le lecteur commencera maintenant à voir plus ou moins clair dans les mouvements
stratégiques de M. Nisard. Seulement une chose l'em-
barrasse et doit l'embarrasser dans cette supposition de
la nécessité d'éditions *transitoires*.

En effet, page ix de le préface de ses *Etudes*, il fait
profession d'une humble soumission *au jugement de
l'autorité ecclésiastique*. A plus d'un endroit de son livre,
il déclare ne vouloir servir que la cause de l'Eglise. Or
comment concilier son système des éditions provisoires,
avec les Commissions épiscopales qui, en vertu de l'autorité ecclésiastique, ont produit ou se préparent à produire des éditions *définitives* pour tel ou tel diocèse,
éditions que dans d'autres diocèses l'autorité ecclésiastique
a plus d'une fois *définitivement* adoptées ?

Mais quand on est homme entendu, il y a des expé-
dients pour tout. Veut-on savoir ce que c'est que les
Commissions diocésaines ? Ce que c'est que les prescrip-
tions épiscopales ayant trait à cette matière ? Qu'on ouvre
le livre de M. Nisard, page 295. Voici ce qui s'y lit en
toutes lettres : « Les mandements en faveur du chant
» liturgique sont, à coup sûr, des initiatives qui font
» le plus grand honneur à nos vénérables prélats ; mais,
» isolés, ces mandements tombent sur la pierre, et ne

» peuvent produire que des fruits qui n'arriveront jamais
» à la maturité.

» Les commissions qui sont nommées dans beaucoup
» de diocèses pour élucider les questions relatives au
» plain-chant, révèlent également, de la part de l'auto-
» rité religieuse, un noble et louable désir de remédier
» au mal dont nous nous plaignons ; mais il faudrait,
» pour réussir, autre chose que des réunions d'hommes
» pieux et zélés : le zèle et la piété ne peuvent tenir
» lieu de connaissances spéciales, et, en supposant ces
» connaissances, bien des causes empêcheront toujours
» le triomphe de la vérité par l'influence de ces com-
» missions. » Joignez à cela l'air de commisération avec
lequel on parle, p. 377, des « pieux prélats de Reims et
» de Cambrai,.... prélats (p. 391) les plus vénérables et
» les plus dignes d'une destinée meilleure ; » de son
Eminence le Cardinal Archevêque de Malines, dont on
dit, p. 456 : « Monseigneur l'archevêque de Malines
» ne tardera pas à s'en apercevoir » (que l'édition de
Paul V n'est pas le dernier mot de Rome), « si déjà
» cet excellent et très-zélé prélat ne s'en est pas encore
» aperçu. » Ajoutez y l'intérêt plein de pitié qu'on porte
à l'un des éditeurs de Malines, qui est tantôt *l'estimable
M. Edmond Duval* (p. 377), tantôt *l'excellent M. Duval*,
et dont, page 448, on fait le portrait suivant : « M. Duval
» connaît tous les arcanes du contre-point, de l'har-
» monie et de la composition musicale ; il est aussi orga-
» niste et violoncelliste d'un talent fort remarquable.
» Laborieux comme un bénédictin, il a toute la mo-
» destie d'un enfant et le bon cœur d'un ami généreux
» et dévoué. Il n'agit que par conviction, et s'il trompe
» les autres, c'est qu'il se trompe lui-même, ayant tou-
» jours l'inébranlable volonté de ne tromper personne.
» Un de mes amis, M. l'abbé Fichet, maître de chapelle
» de la cathédrale de Lyon, a vu à Rome l'excellent
» M. Duval préparant sa nouvelle édition de plain-chant
» romain : l'artiste y succombait sous le fardeau de la
» tâche immense que l'on avait imposée à son zèle :

» souffrant, malade, exténué de fatigue, rien ne pouvait
» cependant le distraire de l'œuvre, à laquelle il s'était
» voué avec autant de désintéressement que de pieuse
» ardeur. » Vraiment

Nous n'avons mérité
Ni cet excès d'honneur, ni cette indignité!

54. Voici donc en quelques mots le véritable programme pratique de M. Nisard :

1° Les éditions récentes données par d'autres que par moi, ne valent rien.

2° Nos vieux livres ont le chant traditionnel.

3° Il faut donner, en faisant usage des vieux livres, des éditions *provisoires*.

4° Ce provisoire durera encore très-longtemps ; car la question du plain-chant est loin, très-loin d'être résolue.

5° Si les Commissions épiscopales sont d'un autre avis et donnent des éditions *définitives*, cela tient à ce qu'elles sont présidées par des prélats *très-zélés*, *très-pieux*, *dignes d'une meilleure destinée*, et composées d'hommes *estimables*, ayant *le bon cœur d'un ami généreux*, et *toute la modestie d'un enfant*.

55. Ce programme, tout saugrenu qu'il est en lui-même, M. Nisard sait l'encadrer, l'enluminer, l'orner de telle sorte, que cela devient en apparence quelque chose de très-grand, de très-magnifique. Il y a tels endroits de son livre, où il semble faire profession de n'aimer pas les grands mots, les phrases à effets, les tours oratoires. Mais s'il dit p. 104, en citant un passage d'autrui : « J'ai cité *in extenso* ce long verbiage d'archéologie sentimentale et creuse » ; s'il s'écrie p. 174 : « Laissons de côté *l'époque ogivale à lancettes*, ne remplaçons point les faits par de belles phrases », n'allons pas croire que l'auteur des *Études* se soit absolument abstenu d'allécher ses lecteurs par ce style gothico-romantique qui est surtout du goût des *lecturiers* sémi-sérieux de notre époque. Écoutez plutôt ce que dit M. Nisard de la restauration du chant grégorien au point de vue archéologique, p. 55 : « Il faut qu'elle fasse

» revivre, si cela est possible, les cantilènes de la primi-
» tive Eglise avec toutes leurs beautés et toutes leurs im-
» perfections ; il faut qu'elle nous les montre dans leur
» naïveté charmante comme ces statues allongées, peu
» correctes, et cependant admirables, qui décorent nos
» vieux sanctuaires gothiques. »

56. Dans ce genre il y a des traits pour tous les goûts.
Vous vous souciez fort peu du moyen âge et de son
architecture, vous vous sentez des inclinations plus naï-
ves, vous aimez la simple nature, les plantes et les fleurs ;
venez à M. Nisard ; p. 157 il a de quoi vous servir :
« Pourquoi affirme-t-on, » dit-il, « que la mélodie de
» l'art actuel est une fleur qui éclôt nécessairement sur
» la tige d'un arbrisseau que l'on nomme *harmonie*, et
» qu'il en est tout autrement de la végétation de la
» mélodie grégorienne , sorte de plante sauvage qui
» pousse d'elle-même dans le sable et ne peut vivre qu'à
» la condition d'être préservée de tout contact avec l'har-
» monie, dangereux parasite pour elle? »

57. Etes-vous un de ces hommes qui aiment un style
où les termes les plus disparates se trouvent grotesquement accouplés ; venez, cher lecteur ; p. 375 vous lirez,
peut-être en souriant, que « La Providence laisse à cha-
» que Pontife le soin de pourvoir souverainement aux
» besoins religieux de chaque époque dans les questions
» qui, comme celle du chant, touchent de si près à la
» discipline ecclésiastique de la physiologie. » Messieurs
les canonistes et Messieurs les physiologistes, vous voilà
bien étrangement associés, n'est-ce pas !

58. Vous aimez peut-être à voir un sujet assez modeste
en lui-même, traité sur un ton qui lui donne l'importance
des choses les plus sérieuses; ouvrez les *Etudes* à la page
235. Il s'agit de savoir comment le typographe doit s'y
prendre pour bien diviser les syllabes dans les livres choraux. Ecoutons : « Ici comme dans toutes les questions pré-
» cédentes, la typographie se trouve en face de difficul-
» tés fort sérieuses et dont je sollicite, au nom des édi-
» teurs de la liturgie romaine , une solution prompte et

» définitive. Je ne m'arrête pas à la pensée que ces diffi-
» cultés sont des détails, et, peut-être, même aux yeux
» de certaines personnes, des *puérilités*. Soit! mais les
» détails ont bien leur importance dans une entreprise
» qui intéresse au plus haut point la religion, le culte et
» le triomphe de l'unité liturgique. En pareille matière,
» si grave et si sainte, il ne faut rien négliger, rien mé-
» priser, si l'on ne veut pas courir les risques de cette
» menace terrible mais divine : *Qui spernit modica, pau-*
» *latim decidet.....* » Est-il possible !!

59. Etes-vous orateur, aimez-vous les exordes avec fra-
cas; p. 367, M. Nisard vous donnera à grand orchestre celui de son septième chapitre. L'auteur y traite *de la re-*
stauration du chant grégorien dans ses rapports avec les
réformes proposées ou réalisées de nos jours. Voici comment il débute : « La question que je vais agiter dans ce
» chapitre, est l'une des plus graves de l'époque ac-
» tuelle. Elle touche à tant d'amours-propres, que
» l'imagination s'en effraie; mais elle intéresse à un si
» haut point l'avenir de la liturgie musicale, que le ca-
» tholicisme tout entier vient ici dominer la situation, et
» commande le silence absolu de l'égoïsme scientifique,
» pour laisser triompher librement la cause du chant sacré.

» Dans ce qui précède, j'ai donné les éléments épars
» d'une solution que les érudits recherchent et que l'épis-
» copat réclame; ici, il faut que je rassemble, comme en
» un faisceau, les faibles forces que Dieu m'a données :
» il faut que je résume les conséquences des principes
» que je crois être les seuls vrais, les seuls pratiqua-
» bles, les seuls utiles à la Religion. Tâche immense,
» s'il en fût! Fardeau d'autant plus lourd, que, pour
» le soulever et le déposer sur l'autel du sanctuaire, j'ai à
» lutter contre des noms propres, contre des hommes vé-
» nérables par leur caractère, contre des savants, contre
» des artistes, contre des influences enfin qui, de bonne
» foi (je le croirai toujours) égarent l'opinion publique,
» et conduisent le chant grégorien à une ruine inévitable!

» On peut, par tout ce qui a été dit dans cet opuscule,

9

» on peut pressentir les termes de ce chapitre ; mais je se-
» rais bien incomplet ou bien timide (et je ne veux être
» ni l'un ni l'autre), si je ne consacrais quelques pages à
» une conclusion catégorique et précise. Je tiens à dire la
» vérité comme je la comprends ; je mets la question qui
» m'occupe au-dessus des personnes qui en ont traité ; et
» j'ai la prétention de croire que mes adversaires eux-
» mêmes rendront hommage à la loyauté de mes convic-
» tions. Quand un homme a consacré toute sa vie à
» l'étude et au triomphe d'une cause, on peut être cer-
» tain qu'il ne parle point légèrement, et qu'il y a dans
» les battements de son cœur, comme autant de cordes
» sonores qui vibrent à l'unisson de la vérité. »

60. Etes-vous plus porté vers des traits qui annoncent
un certain caractère décidé, une hardiesse que d'autres
nommeraient peut-être de l'audace ; voici la semonce assez
verte, que M. Nisard adresse aux Evêques p. 296 : « On
» veut restaurer le chant sacré, le chant liturgique ; on
» s'ingénie à répandre telle ou telle édition de ce chant ;
» on veut revenir de toutes parts, en France, aux tradi-
» tions grégoriennes ; on fait partout d'immenses dépen-
» ses pour produire le plus purement possible ces belles
» et grandes traditions qui, *bien comprises,* doivent res-
» serrer les liens de la sainte unité romaine. Hé bien !
» toutes ces preuves non équivoques de zèle et d'élan
» n'aboutiront à rien, si l'on persiste à laisser l'*enseigne-
» ment du plain-chant* dans le triste état où il est de nos
» jours... Si l'Episcopat, si les supérieurs de séminaire,
» si les pasteurs dans leurs villages, si les personnes in-
» fluentes dans le monde et dans le clergé maintiennent
» le *statu quo,* il est inutile de travailler à la restauration
» ni même à la conservation du plain-chant : il faut plu-
» tôt attendre le dernier soupir de cette musique, et lui
» préparer un tombeau dans quelques rayons de biblio-
» thèque, à côté des monuments des vieux âges. Ce der-
» nier soupir ne se fera pas attendre longtemps, on peut
» en être certain : les restaurations radicales, maladroi-
» tes et contradictoires dont l'œuvre de Saint Grégoire

» est aujourd'hui la victime, ont ébranlé jusqu'aux fon-
» dements de ce vénérable édifice musical. Regardez !
» grâce à l'action funeste des prétendus restaurateurs
» *actuels*, les murailles de l'édifice penchent déjà : il ne
» faut plus qu'un souffle pour les renverser ! Ce souffle,
» ce sera celui de l'ignorance.

» L'enseignement du plain-chant doit donc être la pre-
» mière préoccupation du moment : placé en tête des
» moyens à prendre pour sauver d'une ruine imminente
» la liturgie musicale, cet enseignement est une néces-
» sité, une condition *sine qua non* de salut. L'autorité
» ecclésiastique n'a pas ici à hésiter : *tout* ou *rien!* Si
» elle ne veut point agir énergiquement dans le sens que
» la logique lui impose, il ne faut plus qu'elle parle de
» chant romain, ni de nouvelles éditions de ce chant, ni
» de tonalité antique, ni de mélodies plus ou moins con-
» venables au culte : il faut qu'elle se croise tranquille-
» ment les bras, qu'elle laisse ce qui existe mourir de
» sa belle mort, et qu'elle dise : *Nous n'avons plus que*
» *faire du plain-chant...* Abeat tandem quo libuerit....!
» Le jour où pareille chose serait décidée *hiérarchi-*
» *quement* (et il serait tout-à-fait opportun de le savoir le
» plus tôt possible), ce jour-là, dis-je, les temps moder-
» nes rompraient avec des traditions de musique reli-
» gieuse qui font le caractère distinctif de l'Eglise catho-
» lique depuis son origine, et entreraient dans une voie
» nouvelle dont les conséquences échappent aux prévi-
» sions humaines; ce jour-là, nos plus courageux efforts
» en faveur de la sainte musique de nos pères cesseraient
» d'offrir quelque chose de pratique et d'actuel : on au-
» rait derrière soi le souvenir des siècles passés, et de-
» vant soi, les mystères de l'avenir. »

61. Enfin, y a-t-il des lecteurs qui aiment les livres où
l'auteur ne s'oublie pas tout-à-fait lui-même, eux aussi
pourront trouver de quoi s'occuper dans les *Etudes* de
M. Nisard. Un premier passage a déjà été donné plus
haut; nous y lisons p. 460 : « Je sens que je porte en
» moi l'étoffe d'un innovateur, mais je me défie telle-

» ment de moi-même et de mes prétendues connaissan-
» ces dans *la pratique*, *la théorie* et *l'histoire du plain-*
» *chant*, que j'ai toujours peur de m'égarer et d'égarer
» les autres, lorsque j'écris sur ces matières délicates et
» difficiles. » Mais ce qu'il y a de plus délicieux sous ce
rapport, ce sont les paroles dont M. Nisard fait suivre,
p. 407, quelques extraits de sa correspondance avec feu
le R. P. Lambillotte, extraits, dans lesquels celui-ci félici-
tait et encourageait l'auteur des *Etudes*. Voici cette tirade : « Je m'arrête : il faut que je mette des bornes à
» mes citations, surtout quand je pense, qu'en les fai-
» sant, ma plume retrace des éloges personnels. Et ce-
» pendant j'avoue que je ne me sens pas humilié de l'au-
» dace de mon amour-propre. Je livre au public toutes
» ces approbations laudatives comme si elles avaient pour
» objet un homme qui me serait tout-à-fait étranger. Le
» triomphe du chant liturgique m'anime seul, et je crois
» que je fais un sacrifice réel en me vantant par la bouche
» du P. Lambillotte pour assurer ce triomphe. Je n'ai pas
» d'autre souci. S'il fallait m'humilier, m'anéantir même,
» afin de gagner la vraie cause du plain-chant, je n'hési-
» terais pas davantage : j'accepterais tout, heureux,
» mille fois heureux, d'être ainsi utile au succès d'une
» chose qui intéresse l'Eglise à un si haut point ! »

62. Après de telles paroles, nous nous arrêtons aussi.
On a pu voir maintenant ce que c'est que le livre de M.
Nisard, comment il attaque ce qu'il ne connaît peut-être
pas, comment il expose les faits historiques lorsqu'ils le
gênent, quelle est la valeur des arguments qu'il nous
oppose, combien ses théories sont insaisissables sur le
terrain des principes, et peu dignes sur celui de la pratique. Et c'est sur des théories de ce genre que doit repo-
ser l'espoir de ceux qui aspirent vers la restauration du
chant de l'Eglise ? C'est en émettant des principes, qui, en
définitive, ne nécessitent aucune conviction en fait de
plain-chant, qu'il sera possible de démontrer (p. viii)
que *la plupart des plans de restauration auxquels on veut*
soumettre le chant grégorien depuis quelques années, offrent

tous les caractères d'un immense danger pour la Religion ? Il sera donc devenu possible de se donner une position , qui, d'un côté, permette d'entreprendre n'importe quelle édition de livres choraux, tout à fait comme on entreprendrait l'exploitation de plusieurs chemins de fer, et qui, de l'autre, n'empêche pas d'attaquer ce qu'on voudra bien appeler (p. ix) les *doctrines mauvaises ?* On pose une règle tellement élastique qu'au besoin elle justifierait tous les faits , et, ce nonobstant, on osera encore censurer un fait quelconque? Et , comme pour mettre le comble à cette audace inouïe, l'inventeur d'absurdités si dégradantes viendra impunément insulter à la dignité de ses lecteurs et au sens moral du public, en proclamant (p. ix) que son *unique ambition est le seul triomphe de la vérité?* Non, non; ce n'est pas dans cette région des intérêts matériels que séjourne la vérité; elle habite une sphère bien plus élevée. Sa sollicitude ne se restreint pas aux besoins généraux ou particuliers du moment ; elle porte ses vues bien plus loin. Restant immuablement ce qu'elle est, elle n'a aucun souci de se travestir au gré des opinions, ni de plaire à tous. Sa préoccupation n'est pas de s'encenser elle-même sous le couvert d'une correspondance indiscrètement publiée; elle laisse ce soin à d'autres. Elle ne s'amuse pas à bâtir, sur des torts supposés ou inventés, des arguments contre ses adversaires; elle est bien plus loyale. Loin d'envelopper sous un langage fleuri des propositions sujettes à caution, loin de se pimper des colifichets d'une phraséologie à la mode, elle se contente de dire simplement les choses comme elles sont, et ne se pare que du vêtement modeste de la clarté et de la sincérité.

Si nous tenons ce langage, ce n'est pas que nous contestions absolument tout mérite scientifique à celui dont le livre nous a inspiré ces réflexions. Nous reconnaissons au contraire qu'à plus d'un endroit les *Etudes* contiennent d'excellentes choses. Mais, peu habitués aux manœuvres d'un certain monde artistique profane, nous nous sommes sentis pris d'indignation , en les voyant employées dans la cause du chant liturgique, qui certes mérite plus de respect.

9.

QU'EST-CE QUE LE

PRÉCIS HISTORIQUE ET CRITIQUE SUR LA RESTAURATION DES LIVRES DU CHANT GRÉGORIEN,

PAR Mgr PIERRE ALFIERI ?

63. Le titre interrogatif que l'on vient de lire n'est pas une simple forme oratoire. Nous avons quelque raison spéciale pour faire de cette brochure l'objet d'une véritable question. Mais n'anticipons pas. Voyons d'abord ce que l'auteur du *Précis* trouve à redire aux éditions de Malines ; tâchons ensuite de donner une idée générale de cet opuscule.

I

64. D'abord, et il faut bien commencer par là, le *Précis* attaque l'importance et la valeur de l'édition romaine du Graduel de 1614-15.

L'importance : voici un passage de la page 42 et suivante : « On a dit que le pape Paul V avait ordonné
» la correction de ce Graduel à Roger Giovannelli, chantre
» de la chapelle pontificale, et cela d'après l'assertion
» de Joseph Baini, dans le volume II de ses *Mémoires*
» *historico-critiques de la vie et des œuvres de Jean-*
» *Pierre-Louis de Palestrina*, page 121. Mais Baini n'af-
» firme rien, il soupçonne. Voici ses paroles : *Paul V*
» *ordonna la réforme du chant grégorien à quelqu'un dont*
» *j'ignore le nom et que je n'ai pu réussir à connaître,*
» *à moins qu'on ne veuille croire que ce fût à Roger*
» *Giovannelli de Vellétri, successeur de Pierre-Louis dans*
» *le magistère de la basilique vaticane, depuis mars 1594*
» *jusqu'en mars 1599, et agrégé ensuite à notre chapelle*

» *apostolique le 7 avril 1599, et qui jouissait de la répu-*
» *tation d'un homme très-habile dans la science du chant*
» *grégorien.* Mais le soupçon de Baini est mal fondé, car
» il n'est justifié ni par l'histoire, ni par la bulle de
» Paul V mise en tête de l'édition, qu'il ait ordonné à
» qui que ce soit la réforme du plain-chant. Qu'on lise
» avec attention la bulle, et on y verra seulement qu'il
» accorde pour quinze ans le privilége d'imprimer les
» livres de chant à Jean-Baptiste Raimondi de Crémone,
» en récompense de ce qu'il a inventé les caractères
» métalliques pour imprimer le plain-chant. On n'y parle
» de personne qui soit autorisé à reformer le chant, ni
» de l'approbation du chant lui-même. »

. . . .

Page 44 : « Que si le souverain Pontife avait voulu
» approuver cette édition, il l'aurait fait par le moyen
» de la S. Congrégation des rites à laquelle en appartient
» le jugement. Or, s'il y avait eu à ce sujet un décret de
» la S. Congrégation, on en aurait fait mention dans la
» bulle, ou on l'aurait rapporté dans l'édition. Mais
» comme en outre on trouve dans cette édition quelque
» chose de contraire aux décrets de la Congrégation des
» rites, on ne peut pas penser qu'elle ait été approuvée
» par elle. En effet, on trouve dans cette édition cinq
» *Alleluia* dans le temps pascal au lieu de quatre, et un
» de plus à la fin des proses ; ce qui est contraire à la
» Rubrique du Missel, comme nous le verrons quand
» nous examinerons le Graduel publié à Malines. On
» conclut cependant que Raimondi a mis au frontispice :
» *Cum cantu jussu Pauli V reformato*, pour donner du
» crédit à son édition ; parce que Paul V ne lui avait
» accordé que le privilége pour quinze ans d'imprimer
» les livres de chant. » Puis l'auteur du *Précis* nie que ce
soit Roger Giovanelli qui fut chargé du soin de cette
édition.

65. Voici notre réponse : Que le réviseur du Graduel
de 1614-15 s'appellât Giovanelli où n'importe comment,
cela n'influe en aucune manière sur le mérite intrinsèque

de ce livre. Dans la préface de notre Graduel, nous avons suivi à cet égard l'opinion la plus répandue, opinion soutenue par des hommes très-savants, et dont, à notre avis, on ne saurait démontrer le contraire. Mais ceux qui nous lisent ont pu voir, par exemple dans nos *Etudes sur les livres choraux* etc. page 10, que nous n'attachons pas grande importance au nom du correcteur, et que nous n'avons pas la prétention d'indiquer ce nom avec certitude; nous disions à cette page 10 : « L'on croit gé-» néralement que ce fut Ruggiero Giovanelli, succes-» seur de Palestrina dans la place de maître de chapelle » à la basilique du Vatican, homme d'un grand génie » selon Baini et très-versé dans la science du chant » grégorien, qui fut choisi pour soigner ce travail. » On aura pu remarquer dans le présent opuscule aussi, que nous parlons du nom de l'éditeur romain d'une manière dubitative, par exemple page 10 et 14.

66. Quant à la question de savoir si l'édition de 1614-15 a été faite par ordre de Paul V, nous soutenons résolûment l'affirmative. Car en premier lieu, que Paul V ne parle pas de ce fait dans le privilége qui se trouve en tête du livre, cela ne prouve absolument rien. Nous ne voyons pas pourquoi un souverain qui ferait composer tel ouvrage par un de ses sujets, devrait consigner cette circonstance dans le privilége que, pour l'ouvrage en question, il octroierait à tel imprimeur, ce privilége n'ayant trait qu'au côté mercantile et matériel seulement. L'argument de l'auteur du *Précis* tiré de ce que, « si le souverain » Pontife avait voulu approuver cette édition, il l'aurait » fait par le moyen de la S. Congrégation des rites à la-« quelle en appartient le jugement », a encore moins de valeur; car il joue sur l'équivoque du mot *approuver*, qui ici aurait le sens de *proposer* à l'Eglise universelle ou à l'Eglise de Rome seulement *comme une chose qu'on serait tenu de suivre;* or, nous avons dit nous-mêmes, dans le présent travail page 27, qu'il nous semble plus que probable que le Pape Paul V n'a jamais eu cette intention. Il s'agissait seulement de faire sur ses ordres un livre

que cependant il ne voulait imposer à personne. Enfin, dit le *Précis*, que Paul V *ait ordonné à qui que ce soit la réforme du plain-chant* (il a sans doute voulu dire : la réforme du Graduel), *n'est justifié ni par l'histoire, ni par la bulle de Paul V* etc. (page 43). Ici nous ne saurions être de l'avis de l'auteur. Il est de fait que l'édition de 1614-15, dont nous pouvons parler en parfaite connaissance de cause, puisque nous l'avons sous les yeux, porte dans son titre ces mots : *Cum cantu Pauli V Pont. Max.* Jussu *reformato*, etc. Or, celui qui est capable de dire que, cela étant, Paul V n'a jamais donné d'ordre d'éditer un Graduel à qui que ce soit, doit seulement nier toute certitude historique. Conçoit-on qu'un imprimeur ait le front de mettre à Rome même, sous les yeux du Pape, le nom du Pape et la mention de ses ordres en tête d'un livre, sans que le souverain Pontife, les Cardinaux, toute la cour romaine réclament? Si aujourd'hui par exemple, quelqu'un eût l'insolence de faire intervenir franduleusement le nom de sa Sainteté Pie IX dans un imprimé quelconque, conçoit-on que la chose pût se passer sans réclamation aucune?

67. La valeur : « Que Giovannelli n'en fût pas le rédacteur, cela se voit clairement par l'édition elle-même. Car, dans les cantilènes qu'elle renferme, on n'a eu aucun égard aux règles de la prosodie que les chantres pontificaux, plus que tous les autres, ont toujours été jaloux d'observer. La plupart de ces cantilènes ont des cadences inexactes. Le caractère de plusieurs tons est changé; et enfin, dans beaucoup de chants, on trouve des notes inutiles : toutes choses qui démontrent que le prétendu réformateur n'a pu être un homme instruit dans la musique comme Giovannelli, mais bien plutôt un autre, peu connaisseur en fait de chant grégorien. » (p. 45).

68. Que l'édition romaine ait eu égard aux règles de la prosodie, c'est ce que nous avons montré dans nos *Etudes sur les livres choraux*. Nous y disions page 31 : « Quand on examine avec un peu d'attention l'édition romaine

» du Graduel de 1614-1615, on s'aperçoit assez facile-
» ment, qu'on n'y a pas voulu reproduire les nombreuses
» fautes du passé en fait d'accentuation. Quoiqu'on n'y
» ait pas employé la losange pour la pénultième brève
» des mots latins, mais que toutes les pénultièmes brèves
» portent la commune ou carrée, appelée *brève* par
» quelques auteurs, on a cependant généralement parlant
» eu soin d'arranger les groupes de plusieurs notes de
» telle sorte, qu'ils ne viennent jamais surcharger les
» syllabes dépourvues d'accent tonique ; au contraire la
» pénultième accentuée se montre le plus souvent sous
» un certain nombre de notes, qui font ressortir cette
» syllabe, ou en d'autres termes, qui lui donnent l'accent
» qu'elle demande.........

» Nous avons rencontré cependant encore un nombre
» assez remarquable de passages, où certains mots sont
» mal accentués. Cela s'explique par l'immense quan-
» tité de corrections qu'il aura fallu faire en travaillant
» sur des manuscrits ; et dans des révisions de ce genre
» on conçoit sans peine qu'il peut échapper encore
» beaucoup de fautes sur lesquelles on glisse. »

Nous doutons fort, que l'auteur du *Précis* ait examiné
le Graduel de Paul V avec assez d'exactitude, pour
pouvoir en parler avec autant de précision. Aussi tout
le reste de sa tirade sur la valeur de ce livre, se résume-
t-il en déclamation et en vagues énoncés, dont il ne
paraît pas lui-même avoir bien senti la portée. Car si
tout ce qu'il dit ici est vrai, il est impossible de comprendre, comment, deux pages plus haut, il a laissé sor-
tir de sa plume ces paroles-ci : « Les éditions du Gra-
» duel y sont de beaucoup inférieures. La plus belle
» de toutes, particulièrement pour la netteté et l'exac-
» titude des caractères, est celle imprimée à Rome à
» l'imprimerie Médicis, en 1614-1615. Je ne veux pas
» dire par là que tous les chants en sont bons, mais
» seulement qu'elle est préférable aux autres, parce
» qu'on a conservé, quoique trop rarement, les types
» des modes, ce qu'on ne voit pas dans les autres. »

Nous ne voyons pas trop bien le moyen de coudre tout cela ensemble.

69. On a vu dans un passage que nous citions à l'instant, que dans l'édition de Paul V, « on trouve cinq » *Alleluia* dans le temps pascal au lieu de quatre, et » un de plus à la fin des proses; ce qui est contraire » à la Rubrique du Missel, comme nous le verrons quand » nous examinerons le Graduel publié à Malines. »

Voici cet examen en ce qui regarde ce point. On lit page 54 : « Dans cette édition du Graduel de Malines, » se trouvent deux fautes assez importantes en matière » de liturgie; l'auteur les a commises pour avoir suivi » l'édition *de Médicis*. 1° Il a ajouté à la fin des Proses » de Pâques, de la Pentecôte et de la Fête-Dieu un » second *Alleluia*, contrairement à la Rubrique ; 2° il a » ajouté, toujours contre la Rubrique, un *Alleluia* dans » le temps pascal avant l'Offertoire. Voici les paroles » de la Rubrique du Missel, n° X *de Epistola et Gra-* » *duali*, n° 3 : *Post Graduale dicuntur duo* Alleluia, » *deinde versus, et post versum unum* Alleluia. *Tempore* » *Paschali, quando non dicitur Graduale, dicitur aliud* » *Alleluia post secundum versum, et quando dicitur se-* » quentia, *non dicitur post ultimum versum, sed post* » sequentiam. Et en effet, que l'on étudie le Missel, » et l'on verra qu'il garde exactement cette règle. » Ouvrons-le, par exemple, au Dimanche *in Albis*, » avant l'Évangile, on trouve :

» *Alleluia , Alleluia.* ℣. *In die resurrectionis meæ dicit* » *Dominus, præcedam vos in Galilæam. Alleluia.*

» ℣. *Post dies octo januis clausis, stetit Jesus in medio* » *discipulorum suorum, et dixit : Pax vobis, alleluia.*

» Voici maintenant le texte du Graduel de M. Duval : » *Alleluia, Alleluia. In die resurrectionis,* etc., sans » le troisième *Alleluia.* Ensuite : *Alleluia , Alleluia.* ℣. » *Post dies octo,* etc., *Alleluia.* Et c'est ainsi qu'il a fait » pour tout le temps pascal. La méprise vient de ce » qu'il a omis le troisième *Alleluia* avant le second » verset, qui n'en devait pas avoir, sinon un seul à

» la fin ; ce qu'a exactement observé l'éditeur de Venise
» et celui de Turin. Quant à l'édition de Paris , la même
» faute s'y retrouve , avec cette seule différence qu'elle
» omet l'*Alleluia* après le second verset. Pour tout le
» reste cette édition est conforme au Missel.

» On me dira peut-être que ce défaut est corrigé par
» l'orgue , qui, selon l'ancien usage, intervient aussitôt
» la fin du premier verset , pour dispenser de chanter
» le second. Soit, quand il y a un orgue ; mais toutes
» les églises, celles des campagnes surtout, n'en ont
» pas. Dans ces églises il faudra chanter les deux ver-
» sets ; et comme dans cette édition ils sont le plus
» souvent dans un ton différent, cela ne se fera pas
» sans choquer l'auditoire. Il est bien rare que les
» chantres passent d'un ton à un autre sans avoir ren-
» contré de graves difficultés, et sans offenser les oreilles
» du peuple. Quand cela se présente, on pourrait se
» contenter de conserver les intonations des deux ver-
» sets à leurs places respectives. Il vaudrait mieux
» pourtant placer les *Alleluia* où les veut la Rubrique ,
» et de plus ramener à un même ton les deux versets,
» tout en mettant le troisième *Alleluia* après le premier
» verset, et le quatrième après le second. Pour plus
» de clarté, prenons un exemple. Au troisième dimanche
» après Pâques de cette édition et de quelques autres,
» les *Alleluia* et le premier verset sont du deuxième
» ton ; le second verset est du quatrième ton. Mieux
» voudrait ramener ce second verset au deuxième ton,
» parce que le passage du deuxième ton au quatrième
» est difficile sans le secours de l'orgue. »

70. Ce que dit l'auteur du *Précis* du second *Alleluia*
qui suivrait dans nos livres les proses de Pâques, de la
Pentecôte et de la Fête-Dieu , est une erreur. Il n'y a
dans notre Graduel qu'un seul *Alleluia* après les proses
citées. Probablement cet auteur aura-t-il vu une barre
après le mot *Alleluia*, et puis la neume ou le *jubilus*
final, que, dans sa sollicitude pour bien voir , il aura
pris pour un second *Alleluia*.

71. L'autre inexactitude est reéllle. Il est très-vrai
que, par exemple, après les mots *in Galilæam*, il y a
dans notre édition deux *alleluia*, dans ce sens que la
barre, qui sépare de sa neume le seul *alleluia* imprimé, est accompagnée de quatre points indiquant une
reprise. La faute typographique consiste donc en ceci,
que dans cet endroit et dans quelques autres du temps
pascal, le compositeur aurait dû placer une simple
barre au lieu de la barre pointée. Nous nous ferons
un devoir de corriger cette méprise dans les éditions
futures. Cependant nous croyons que c'est une faute
plus ou moins excusable. En effet le *Précis* se termine
par une pièce dont nous ne contestons pas l'authenticité;
c'est un *jugement* porté *sur la restauration du chant
d'Eglise, accomplie par M*[gr] *Pierre Alfieri*, restauration
annoncée depuis longtemps et dont nous attendons avec
impatience la publication. (1) Dans ce jugement, on constate, page 66 du *Précis*, que « tous les livres imprimés
» depuis deux siècles et demi » ont cette faute. Et nous
croyons même que dans les plus anciens de ces livres,
cette faute pourrait bien avoir une origine plus ou
moins légitime. Car les anciens Missels ne sont pas tous
d'accord sur ce point, et nous en avons trouvé qui à
l'endroit où il ne faut aujourd'hui qu'un seul *alleluia*,
en donnent deux.

72. Quant aux deux autres changements proposés par
l'auteur, dont le premier consisterait à donner au second verset toujours le ton (lisez mode) du premier,
c'est là une modification pour laquelle nous ne nous
reconnaissons pas assez d'autorité ni à nous-mêmes, ni
à tout autre simple réviseur, puisque ce serait aller à
l'encontre de ce qui s'est fait jusqu'ici très-légitime-
ment; ce serait vouloir non pas corriger une faute,

(1) Comme l'avis du collége des Chantres-Pontificaux est pour
nous d'un assez grand poids, nous aurions aimé à voir figurer
au bas de ce jugement quelque chose de plus officiel que es
nom— individuels de deux chantres de la chapelle du Pape.

mais établir sans nécessité une pratique nouvelle. Car il n'y a rien de répréhensible en ce que deux pièces de différents modes se suivent immédiatement ; sans cela il faudrait soutenir qu'à Laudes et à Vêpres les antiennes doivent toutes être du même mode. Or, le plus souvent il y en a de différents modes, et quelquefois elles diffèrent toutes. S'il y a des chantres à qui cette circonstance cause des difficultés, cela prouve simplement leur inaptitude, et non pas le défaut de ce qu'il sont appelés à exécuter.

L'autre changement ne nous parait pas plus admissible. Il faudrait, d'après le *Précis*, mettre le troisième *alleluia* après le premier verset, c'est-à-dire à la fin de ce verset, au mode duquel il devrait par conséquent appartenir ; tandis que maintenant il se trouve au commencement du deuxième verset, comme cela a toujours existé dans tous les manuscrits et dans tous les imprimés que nous avons pu voir. Ce serait encore une fois une innovation faite sans nécessité. De plus, nous remarquons, que la rubrique du Missel ne spécifie rien à cet égard, et que dans la plupart des Missels, ce troisième *alleluia* figure effectivement comme commencement du deuxième verset, étant précédé d'un point, et son A majuscule initial étant imprimé en rouge. Il y en a même qui vont à la ligne pour le second verset ; or, ceux-là donnent l'*alleluia* en question, non pas à la fin du premier alinéa, mais au commencement du second.

73. En résumé, la critique de l'*alleluia* des Proses est une erreur ; celle des cinq *alleluia* du temps pascal est fondée ; seulement, il n'y a pas là de quoi nous faire un crime, puisque la faute, qu'elle signale, d'abord ne regarde pas le chant, mais seulement la disposition matérielle du Graduel, qu'ensuite elle a été commise *par tous les livres imprimés depuis deux siècles et demi,* qu'elle semble avoir une origine légitime, et qu'enfin elle ne consiste qu'en une barre pointée qui devrait être une simple barre. Les changements ultérieurs que propose le *Précis*, ne sont pas nécessaires, partant arbitraires, et enfin contraires à la pratique non fautive suivie jusqu'ici.

74. Ce qui précède, résume à peu près tout ce que l'auteur du *Précis* trouve à redire contre l'édition du Graduel de Malines. Il y a encore bien là, à la page 53 et 54, une apparence de tort que semble nous trouver le *Précis*, en ce que nous ne croyons pas *absolument parfaite* l'édition de 1614; mais on n'a qu'à lire dans nos *Études sur les livres choraux*, les pages 18 et suivantes jusqu'à la page 45, pour avoir la pleine conviction que notre opinion à ce sujet est parfaitement motivée; puis encore, le rédacteur du *Précis* est du même sentiment page 42, 45 et *passim*.

75. Voici venir notre Vespéral, qui, lui aussi, va subir une fustigation. Page 50 le *Précis* contient ces pa-roles : « On lit dans la préface du Vespéral, écrite en
» bon latin, que l'auteur est très-versé dans la musique
» profane, et surtout dans le chant liturgique; qu'il a
» voyagé pendant trois années en Italie pour se perfec-
» tionner dans la science du chant; qu'il a visité les
» bibliothèques publiques et privées; qu'il a consulté les
» manuscrits; qu'il a vu les hommes les plus instruits
» dans la matière; qu'il n'a épargné aucune peine pour
» retrouver le véritable chant; je le veux bien; mais
« cela ne m'empêche pas d'affirmer que les mélodies de
» l'Antiphonaire, ne reproduisent, ni les bons manus-
» crits, ni même les livres imprimés, dont on se sert à
» Rome, et en Italie. »

Le commencement de cette tirade cache une petite su-percherie, et est admirablement taillé pour que le lecteur qui n'a pas lu la préface du Vespéral de Malines, com-mence par reconnaître une légère dose de suffisance et de vanité à l'éditeur principal de nos livres liturgiques. En effet, quel est celui qui ne se dira pas en lisant ce commencement : « Il faut que l'auteur malinois soit bien
» naïf pour faire ainsi son propre éloge; ce doit être un
» Narcisse de première qualité. » Or, le fait est que celui dont on fait l'éloge dans cette préface, n'en est pas l'auteur. La signature qui termine cette pièce explique assez, croyons-nous, comment M. l'abbé De Voght a

voulu par un sentiment de délicatesse qui l'honore, s'oublier lui-même et ne parler que de celui qui n'a fait que ce qu'il regardait comme un devoir, dès le moment qu'il eut accepté l'honorable mission dont son Eminence le Cardinal-Archevêque de Malines avait bien daigné le charger. Pourquoi l'auteur du *Précis* passe-t-il sous silence cette circonstance qui rend le fait tout autre? Pourquoi se permet il de la sorte une insinuation que nous ne pouvons nous empêcher de qualifier de méchante?

76. Chose étonnante, le rédacteur du *Précis*, qui semble n'avoir pas vu le nom de M. De Voght au bas de la préface, a vu dans le corps de cette pièce des choses que nous-mêmes nous ne parvenons pas à y découvrir. Celui de nous que l'assertion concerne, est tout étonné d'apprendre *qu'il a voyagé pendant trois années en Italie*. Il se rappelle très-bien que lorsque la préface du Vespéral s'imprimait, trois années s'étaient à peu près écoulées depuis son départ pour l'Italie; et aujourd'hui il croit retrouver cela, dans ces paroles de la page ix du Vespéral : *Abhinc triennio in Italiam suscepto itinere, quo pleniorem rerum omnium, quæ nostro conducerent scopo, scientiam acquireret*, etc. Mais d'y voir *qu'il a voyagé pendant trois années en Italie*, pas d'apparence. Peut-être l'auteur du *Précis* a-t-il lu : *trienni in Italiam suscepto itinere;* mais dans nos deux éditions il y a bien le mot *triennio* en caractères très-lisibles. Cela prouve une fois de plus, comment on lit aujourd'hui ce qu'on prétend commenter, voire même juger.

77. Après l'accusation assez vague qui termine le passage du *Précis*, que nous venons de transcrire à l'instant, voici comment l'auteur continue page 50 et suivantes : « Il a modifié, tantôt dans un endroit, tantôt » dans un autre, les types des bonnes mélodies. Je pour- » rais apporter à l'appui de cette assertion un très-grand » nombre de mélodies prises dans cet Antiphonaire, et » les comparer avec celles des éditions de Venise. Mais » comme ces éditions sont entre les mains de tout le » monde, je laisserai au lecteur le soin de faire lui-même

» cette comparaison, et de mettre aussi en regard celles
» de l'édition de Malines. Je citerai seulement une mé-
» lodie reconnue par tous les chantres comme un modèle
» de beauté, et qu'admirait beaucoup le fameux Choron.
» C'est l'Antienne du quatrième ton qui est répétée un
› grand nombre de fois dans l'Antiphonaire.

« Dominica I. Adventus. Antiphona.

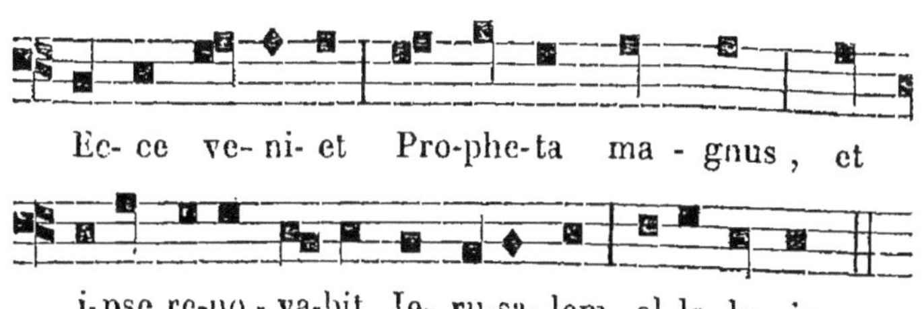

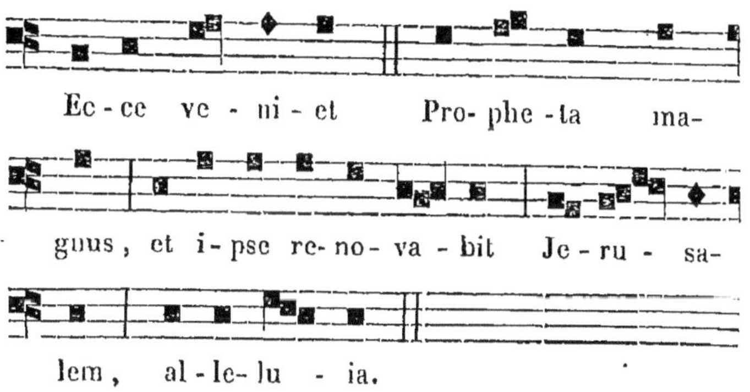

« L'édition de Malines la note comme il suit :

« Infra Hebd. I. Adventus Feria II. Ad Magnificat
Antiphona.

Quæ-ri - te Do - mi- num, dum in - ve- ni - ri

« L'édition de Malines la note comme il suit :

» Que l'on considère avec attention les changements
» faits dans cette mélodie, et l'on verra comment on en a
» altéré et corrompu la simplicité et la régularité. Et
» puis je prierai les savants de me dire si c'est là la
» véritable manière de réformer le chant ecclésiastique,
» et si on ne le ramène pas ainsi à la barbarie? Mais
» des corrections de ce genre ne sont rien encore, si on
» les compare à toutes celles qui ont été faites dans
» l'Antiphonaire. L'éditeur a tellement altéré les meil-
» leurs chants, qu'on ne peut plus les reconnaître. Il y
» a bien peu d'Antiennes qu'il n'ait réformées selon son
» caprice. Je suis loin de soutenir que le chant, surtout
» dans les Antiennes, n'ait besoin de corrections impor-
» tantes; ces corrections, il faut savoir les faire. Et pour
» cela il faut avoir une longue habitude de l'exécution

» du chant; il faut de toute nécessité connaître les tra-
» ditions et toutes les lois de la mélodie. »

78. Nous avons imprimé dans le titre de nos *Etudes
sur les livres choraux*, la date de l'édition vénitienne qui
nous a servi de base dans le Vespéral; c'était celle de
Liechtenstein, 1579-1580. La préface de notre Vespéral
en signale encore deux autres que nous avons aussi con-
sultées. Nous ne savons pas quelle est l'édition de Venise
dont l'auteur du *Précis* fait usage; mais toujours est-il
que ni sa version vénitienne de l'antienne *Ecce veniet*,
ni celle de l'antienne *Quærite Dominum*, n'est conforme
aux éditions que nous avons pu voir. Nous allons dans ce
qui suit, faire usage de la leçon de l'édition de Liechtenstein, afin que le lecteur puisse voir en quoi la version
vénitienne du *Précis* s'en écarte.

79. Cela dit, voyons. D'abord, celui qui nous attaque,
n'a pu choisir plus mal qu'il ne l'a fait. C'est précisément cette mélodie-type du IV° mode que, sans nous
appeler Choron, nous admirons aussi, et qu'à cause de
cela même nous étions tristes de voir habillée de toutes
les façons possibles; c'est cette belle mélodie du IV° mode
que nous avons depuis longues années étudiée, analysée,
confrontée, retournée dans tous les sens. Est-ce que notre
adversaire s'est jamais donné la peine de mettre une fois
en tableau les mille et une manières dont les éditions de
Venise et tous les manuscrits donnent ce chant? Nous
avons fait ce travail, et de plus, nous croyons avoir fixé
à peu près les conditions nécessaires pour que ce type
des antiennes du IV° mode s'applique bien à différents
textes littéraires. Nous allons rappeler ici ce que nous
écrivions sur cette matière dans nos *Etudes sur les livres
choraux*. (Page 57 et suivantes).

« Avant tout, il s'agit ici de bien démêler le véritable
» type du chant d'avec toutes les altérations qu'il a subies
» en différents endroits. Nous avons à cet effet com-
» paré toutes ces antiennes du IV° mode entre elles, et
» nous les avons confrontées avec celles qui se trouvent
» dans les manuscrits et dans les autres éditions que nous

» avons pu étudier. Le résultat de cette recherche sou-
» mis enfin au contrôle des lois de la tonalité ecclésiasti-
» que, nous a conduits à considérer comme type complet
» de cette belle mélodie, abstraction faite du texte et de
» la répétition de certaines notes, le chant suivant :

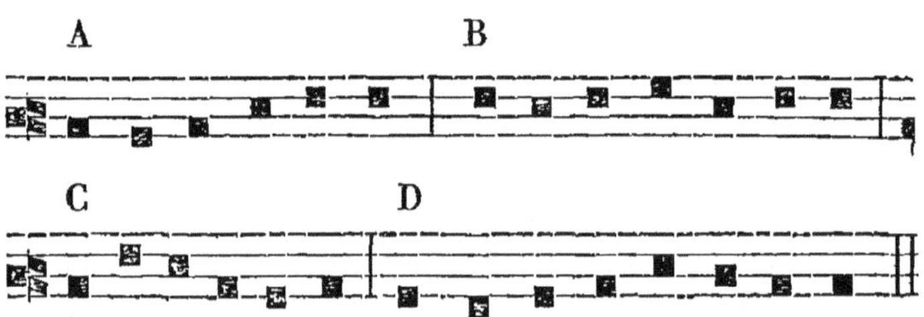

» Ce chant est composé de quatre membres ayant
» deux cadences principales, la première se produisant
» sur le *la*, à la fin du deuxième membre B (milieu de
» l'antienne), et la seconde sur la note finale du chant
» *mi*. La fin de l'intonation A sur *la* et la dernière note
» *mi* du membre C, forment deux cadences accessoires
» ou secondaires.
» Pour que cette mélodie s'emploie donc sans retran-
» chement ou sans ajoute, elle demande avant tout que
» le sens du texte auquel elle doit servir, permette de
» diviser ce texte en quatre parties à peu près égales,
» tout à fait comme l'air d'une chanson de quatre vers
» demande absolument quatre vers pour toutes les pa-
» roles qu'on voudra y appliquer, et ne saurait se chan-
» ter sur une strophe de six vers, à moins d'y ajou-
» ter deux membres mélodiques. Ensuite les quatre
» membres du texte devront exactement correspondre
» aux quatre membres de la mélodie, sans enjambement
» de l'un dans l'autre. Seulement, comme il peut y avoir
» plus ou moins de mots dans chaque membre, il sera
» permis de répéter certaines notes si le texte est trop
» long, et d'en lier plusieurs entre elles sur une même
» syllabe si le texte est trop court, bien entendu qu'on
» consulte à cet égard ce que demande la bonne accen-

» tuation pour la bonne distribution des notes. Ce qui
» précède suppose donc qu'au moins toutes les notes du
» type de chaque membre restent dans l'antienne ainsi
» arrangée. Seulement un usage universel et très-ancien
» a permis de retrancher une ou plusieurs des trois pre-
» mières notes du membre A, lorsque le texte s'en ac-
» commode; la même chose a lieu pour le membre B
» dans des circonstances analogues. Une analyse détaillée
» de ce morceau, mais qui nous mènerait trop loin ici,
» montre qu'il y a des raisons intrinsèques pour justifier
» cet usage. . . . .

» Voici maintenant en quoi l'on n'a pas toujours suivi
» dans l'Antiphonaire de Venise, la marche que nous
» venons de tracer. Dans la majeure partie des pièces de
» ce type on a altéré la fin du membre C et le commence-
» ment du membre D, en liant le *ré* initial de ce dernier
» membre au *mi* final du membre C; de sorte que le
» membre C devient

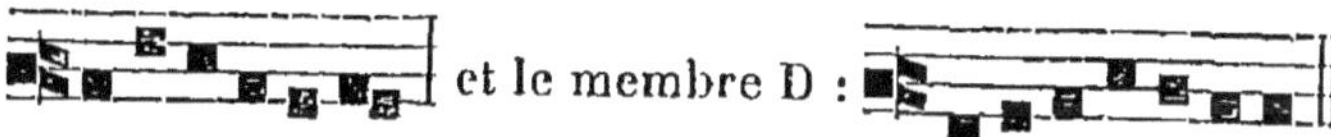

et le membre D :

. . . . « Mais pour que le lecteur saisisse mieux
» la manière dont l'Antiphonaire de Venise donne ce
» chant du IVe mode appliqué à différents textes, voici
» un tableau où nous avons rassemblé sept antiennes
» appartenant à ce type. » Nous y joignons aujourd'hui
les deux antiennes *Ecce veniet* et *Quærite Dominum*, citées
par l'auteur du *Précis*.

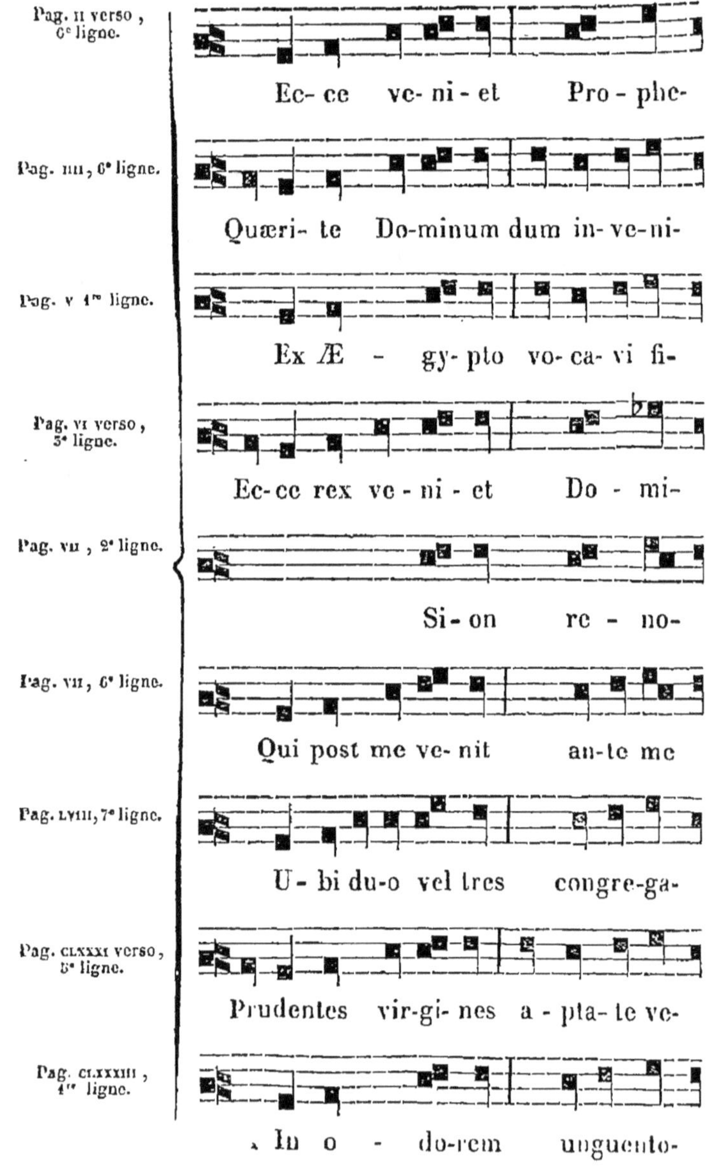
Pag. II verso, 6e ligne.
Ec- ce ve- ni - et Pro - phe-
Pag. III, 6e ligne.
Quæri- te Do-minum dum in- ve-ni-
Pag. V 4re ligne.
Ex Æ - gy- pto vo - ca- vi fi-
Pag. VI verso, 3e ligne.
Ec - ce rex ve - ni - et Do - mi-
Pag. VII , 2e ligne.
Si - on re - no-
Pag. VII, 6e ligne.
Qui post me ve- nit an-te me
Pag. LVIII, 7e ligne.
U- bi du-o vel tres congre-ga-
Pag. CLXXXI verso, 5e ligne.
Prudentes vir-gi- nes a - pta- te ve-
Pag. CLXXXIII , 4re ligne.
In o - do-rem unguento-

ta mag-nus : et i - pse re - no-
ri po - test : in - vo - ca-
li - um me - um : ve - ni - et
nus ter - ræ et i - pse au-
va-be-ris : et vi - de-
factus est : cu-jus non
ti fu - e-rint in no - mi-
stras lampades : ec - ce spon-
rum tu- o-rum cur - ri - mus : a - do-

va - bit Hie-ru- sa -lem. al-
te e - um dum pro-pe est al-
ut sal - vet po - pu - lum
fe-ret ju - gum ca - pti- vi - ta - tis
bis ju-stum tu-um qui ven-tu- rus est
sum di - gnus cal-ce- a - men - ta
ne me - o : in me-di - o e - o-rum
sus ve - nit : e- xi - te ob - vi-am
lescen-tu - læ di- le - xe - runt te

« L'inspection de ce tableau en dira plus que de lon-
» gues explications où l'on n'a pas la chose sous les yeux. »

80. Oui, en voyant tout cela nous osons donner sans crainte les mêmes antiennes telles qu'elles se trouvent dans le Vespéral de Malines, et nous disons avec le *Précis : que l'on considère avec attention les changements faits* par nous *dans cette mélodie.* Oui, nous aussi, nous osons *prier les savants* de nous dire où se trouve ici *la barbarie*, où se trouve l'absence totale de toute suite logique, où se trouve le chant *altéré et corrompu*, où se trouve *la simplicité et la régularité ?* Nous aussi, nous laissons au *lecteur le soin* de comparer l'édition de Venise avec celle de Malines, dont voici la version :

(1) L'*Alleluia* n'appartenant pas au corps de l'antienne, nous concluons, en dehors du type, par la formule ordinaire des *Alleluia* de toutes les Antiennes du IVᵉ Mode, lorsque cet *Alleluia* ne fait pas partie inhérente du texte.

(1) « L'Antiphonaire de Venise contient plusieurs antiennes où, lorsqu'on a voulu conserver intacte une phrase typique, la même note se trouve répétée plusieurs fois; entre autres l'antienne *Factus est repente de cœlo* du premier nocturne de la fête

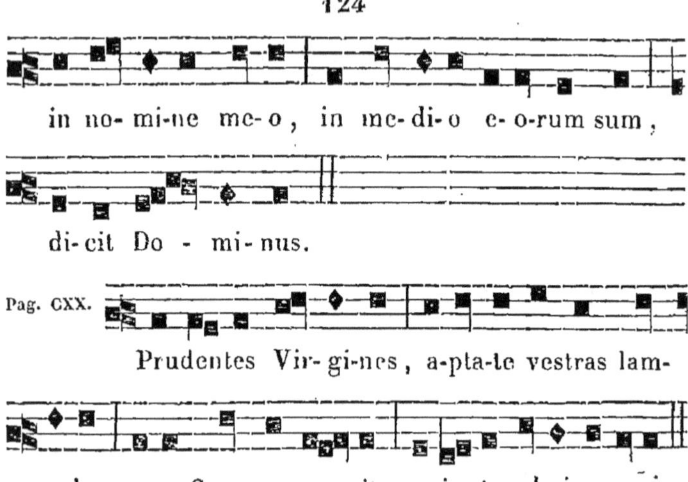

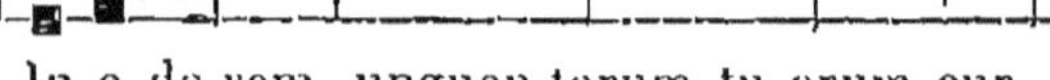

81. Page 52, le *Précis* continue en ces termes : « L'édi-
» teur (de Malines) croit avoir réformé le beau chant des
» Lamentations qui, exécuté dans nos églises d'Italie,
» émeut de componction les fidèles qui l'entendent ; il
» n'a fait que l'altérer affreusement. Voici comment Gui-
» detti dans l'Office de la Semaine-Sainte , et Pelichiari,
» dans le Directoire du chœur , notent la mélodie des
» Lamentations :

de la Pentecôte pag. XCVIII verso, 4e ligne, commence par dix *ut.*
D'ailleurs . . . ., l'antienne *Ubi duo* est un
des textes les moins propres à ce type ; mais puisque tous les
manuscrits et tous les imprimés l'y ont appliqué , nous n'avons
pas cru devoir lui donner une autre mélodie. »

» L'auteur la remplace par celle-ci :

11.

« Il a répondu aux justes reproches de l'abbé Tesson,
» qui a reproduit dans son édition la mélodie comme
» on la trouve dans le Directoire romain, qu'il l'avait
» fait pour éviter la quinte fausse. Il nous en avait
» déjà prévenu à la page xvii de la préface, en ces
» termes : « *Ut melodiam* Threnorum *Jeremiæ ad cen-*
» *tonem redigeremus, contulimus consuetudinem canendi*
» *vulgo receptam cum cantu, quem Joannes Guidetti,*
» *auspice Sixto V, in lucem edidit* in Officio majoris
» hebdomadæ, *Romæ*, 1587. *Attamen lectorem mone-*
» *mus*, falsam quintam, *quæ tunc temporis in fine versus*
» *fieri solebat a nobis e medio fuisse sublatam.* » — Mais
» il ne suffit pas de dire qu'il a fait disparaître la rela-
» tion de quinte fausse. Il a changé la belle mélodie
» romaine en un chant insipide et désagréable. Je n'ai
» d'ailleurs jamais entendu dire qu'on dût éviter la
» relation de quinte fausse dans le plain-chant, mais
» seulement le triton. Enfin je déclare ne pas com-
» prendre où se trouve à la fin de la mélodie romaine
» cette prétendue relation. Il faudrait la placer, selon
» M. Duval, dans la succession des trois notes *si bémol,*
» *sol, mi;* mais ce rapport n'est-il pas détruit par l'in-
» terposition du *fa* entre le *sol* et le *mi?* Qu'il cesse
» donc de nous parler d'une fausse quinte dans cette
» mélodie si régulière; qu'il confesse sa méprise, et
» nous la lui pardonnerons volontiers, en répétant avec
» Horace : « *Quandoque bonus dormitat Homerus.* »

82. Voici l'unique réponse à tout ce passage : la relation de quinte mineure est défendue dans le chant
diatonique ; nous l'avons dit encore dans cet opuscule

page 80. L'auteur du *Précis* nie d'abord ce principe , en disant : « Je n'ai d'ailleurs jamais entendu dire qu'on » dût éviter la relation de quinte fausse dans le plain-» chant. » Mais par les paroles « ce rapport n'est-il pas » détruit par l'interposition du *fa* entre le *sol* et le *mi?*» il semble convenir implicitement que, dans certains cas, on doit éviter la relation de quinte mineure. *Selon M. Duval*, dit-il, il faudrait placer cette relation, *dans la succession des trois notes si bémol, sol, mi.* Où l'auteur a-t-il vu chose semblable? Nous disons : il y a relation de quinte mineure entre les quatre notes *si bémol, sol, fa , mi;* et il sera permis de nous répondre : Donc vous placez la relation de quinte mineure entre les trois notes *si bémol, sol, mi?* Nous ne nions pas que cette relation existe entre ces trois notes , mais qui vous donne le droit de tirer votre *Donc?* Si l'auteur du *Précis* s'est compris ici lui-même, il a en tout cas commis un paralogisme des plus palpables. Mais voici ce que nous soutenons. Il y a d'abord la relation directe ou immédiate de quinte mineure ; elle a lieu lorsque *si bémol* et *mi* se suivent immédiatement. Cette relation directe est défendue dans le chant diatonique. Mais outre celle-là il y a aussi la relation de quinte mineure indirecte ou médiate qui est également proscrite, comme le montre par exemple le contexte d'Hermann-le-Contract dont nous avons prononcé le nom plus haut, page 80. Or, s'il n'y a pas de relation indirecte ou médiate de quinte mineure dans le passage *si bemol, sol, fa, mi,* où s'en trouvera-t-il? S'il n'y a pas de relation de quinte mineure indirecte dans une suite de notes dont la plus haute est le *si bémol,* la plus basse le *mi ,* et qui contient en outre des notes intermédiaires , descendant tout droit vers le *mi ,* sans y arriver par un circuit qui brise l'action des notes extrêmes l'une sur l'autre ; s'il n'y a pas là de relation de quinte mineure indirecte ou médiate, de grâce, qu'on nous en montre quelque part. N'en déplaise au rédacteur du *Précis, nous* ne *cessons donc pas de parler* d'une relation de quinte mineure dans cette mélodie; loin de *confesser notre méprise* ou d'en demander *pardon*, nous crions plus haut que jamais, qu'il y avait une relation de quinte mineure dans le passage dont il s'agit; et si l'on trouve que nous sommeillons, que nos cris sont ceux d'un homme en rêve, nous avons l'honneur de dire à l'auteur du *Précis*, que d'autres que nous, ont sommeillé de la même manière. Nous avons trouvé plusieurs manuscrits, où la relation de quinte mineure ne se rencontre pas dans cet endroit des Lamentations. Nous citerons entre autres un manuscrit du xiii° siècle suivant lequel on a édité un Vespéral en 1847 chez M. Lecoffre à Paris. Nous engageons l'auteur du *Précis* à consulter cet ouvrage, qu'on peut se procurer facilement; il n'y rencontrera pas une seule fois dans tout le chant des Lamentations, la relation de quinte mineure que nous avons signalée dans celui de Guidetti.

83. Poursuivons. Page 55, le *Précis* contient les paroles suivantes : « L'éditeur, (de Malines) en outre, a » jugé à propos de noter en entier dans cet Antipho- » naire le premier verset du psaume, qui, dans les » autres Antiphonaires, se trouve indiqué par les der- » nières notes de l'intonation sur les voyelles *e u o u a e*, » et il a très-bien fait; et moi aussi, avant d'avoir vu son » œuvre, j'en avais fait autant. Il fallait encore tenir » compte du rite solennel et férial. Malheureusement » M. Duval n'y a pas réfléchi; et depuis le mercredi » des Cendres jusqu'au Jeudi-Saint exclusivement, vous » trouvez pour toutes les féries, au lieu de l'intonation » fériale, celle réservée aux jours solennels. »

Depuis le mercredi des Cendres jusqu'au Jeudi-Saint exclusivement, les Vêpres des féries n'ont de propre que l'antienne à *Magnificat;* nous la donnons avec l'intonation solennelle de ce cantique, et cela parce que, dit-on, « M. Duval n'y a pas réfléchi. » Au contraire, M. le rédacteur du *Précis*, c'est tout juste parce que nous y avons beaucoup réfléchi, que l'on trouve l'intonation solennelle aux endroits désignés. Voici ce que nous

disions à cet égard dans le *Monitum* de la seconde édition
du Vespéral, page XXIII.

» Si autem *Magnificat* psalmodia feriali cantetur ; ne-
» gligitur intonatio, et statim ab initio cujusque versus
» assumitur tenor, adeoque nulla tunc habenda est ratio
» duorum accentuum majusculis litteris ad intonationem
» designatorum. Canticum illud sic propositum reperire
» licet in vesperis hebdomadæ, page XV, XXII, XXVII,
» XXXIV et XL. Verumtamen non ita constat quibus diebus
» psalmodia illa feriali utendum sit. Ex libris enim dida-
» cticis novimus quidem revera dari psalmodiam ferialem
» canticorum in liturgia Romana; at nullibi, neque apud
» theoreticos, neque in libris cantualibus, præcisis termi-
» nis indicatur quandonam usu veniat hæc psalmodia.
» Antiphonaria enim in Italia impressa , quæ ob oculos
» habuimus, canticorum conclusionem tantum, non vero
» intonationem proponunt, id est litem sub judice relin-
» quunt. Idem fit apud Guidetti in *Directorio Chori* et
» in pluribus vesperalibus recentioribus in Gallia alibive
» excusis. Alia vero documenta, ut antiquæ editiones
» Plantinianæ et Leodienses, semper et ubique cantica
» quævis solemniori proponunt psalmodia, imo hac in re
» generalem habent rubricam : *Cantica semper inchoantur*
» *et terminantur solemniter etiam in officio feriali vel de-*
» *functorum.* Cum igitur hinc inde opposita nos sic ad se
» æque traherent rationum momenta, id est, cum certo
» constet dari psalmodiam ferialem canticorum in officio
» divino, et cum aliunde omnes, quotquot inspicere licuit
» editiones , in quibus ad longum omnia impressa sunt ,
» psalmodiam solemnem assignent feriis propriam Anti-
» phonam ad *Magnificat* habentibus ; nos quoque hisce
» feriis solemnem adposuimus cantici hujus melodiam ,
» præsertim cum hic in patria et alibi , rubrica statim
» allata frequentius observetur. Verumtamen, ne psalmo-
» diæ ferialis obliti videremur, in vesperis ferialibus an-
» tiphona propria carentibus hanc retinendam duximus ,
» eam tunc saltem si unquam adhibendam rati. Ceterum,
» nihil impedit quominus in re omnino incerta, unus-
» quisque ecclesiæ suæ morem sequatur. »

Cette petite explication nous dispense de toute autre réponse.

II

84. Après avoir balayé dans les quelques lignes qui précèdent, tout ce que l'auteur du *Précis* nous avait jeté sur notre chemin d'obstacles et de prétendues difficultés, revenons à ce qui nous a préoccupés dès le commencement, lorsque nous disions que cette brochure est pour nous l'objet d'une véritable question. Qu'est-ce que ce *Précis historique et critique sur la restauration des livres du chant grégorien*, qui porte tout fièrement dans son titre le nom de *Mᵍʳ Pierre Alfieri de Rome, Camerier secret de S.S. Pie IX, Chevalier de l'ordre de l'Aigle Rouge de Prusse, Membre correspondant de l'Académie royale Bourbonnienne des Beaux-Arts de Naples, Compositeur de la Congrégation pontificale de Sainte-Cécile, Membre honoraire de la Congrégation des Virtuoses du Panthéon, Membre des Académies romaines des Arcades et des Quirites*, et qui, sous une couverture grise, s'annonce comme sortant des presses de M. Vatar de Rennes ? Lisons d'abord la préface signée : *L'éditeur de la Revue de musique ancienne et moderne*, H. Vatar. La voici en entier :

« Le *Précis historique* a paru, il y a quelques mois,
» à Rome, en italien. L'auteur en ayant fait une tra-
» duction française, a désiré qu'elle fût publiée en
» France, où la question de la restauration du chant
» grégorien s'agite depuis plusieurs années. Nous avons
» pensé qu'il appartenait à l'éditeur de la *Revue de mu-*
» *sique ancienne et moderne* de faire connaître l'opinion
» et le système du plus savant Prélat italien dans la
» question si controversée du plain-chant, question à
» laquelle la Revue de musique consacre tous ses soins.
» Nous publions donc cet important travail que recom-
» mande la grande réputation de l'auteur et la gravité
» des questions qui y sont discutées. »

85. Quand nous avions lu cette préface et tout cet opuscule, il nous vint un doute sur la réalité du nom de l'auteur. Il nous parut impossible qu'un Prélat de Rome se compromît au point d'avoir publié en italien à Rome le *Précis*, qui contient, outre ce que nous avons déjà vu, des choses pour le moins très-communes. Nous écrivîmes à Rome, nous nous adressâmes à la source la plus authentique possible; la réponse que nous reçumes nous permet d'assurer positivement, catégoriquement que Monsignor Alfieri n'a pas du tout publié l'écrit italien dont on nous donne à Rennes la soi-disant traduction française. Les libraires de Rome déclarent ne pas connaître cette brochure; aucun d'eux ne sait de quoi l'on veut parler. La préface de M. Vatar et tout l'opuscule n'est donc, en style de journaliste, qu'un véritable pouff, un canard des plus monstrueux. Cette préface, nous en demandons bien pardon à M. Vatar, qui n'en peut mais, puisqu'il aura cru simplement ce que lui disait le farceur qui lui aura fourré ce *Précis* dans la main; cette préface annonce donc tout bonnement la chose qui n'est pas. Quel est donc le but de l'auteur de cette mystification? C'est une énigme que nous laissons à deviner à nos lecteurs.

86. « Mais, » dira-t-on, « cette brochure se termine » par un jugement porté sur les futurs livres de plain-» chant de Mgr Alfieri; et il n'en serait pas l'auteur? « L'origine italienne s'y sent, la traduction même ac-» cuse quelqu'un à qui l'italien est beaucoup plus fami-» lier que le français; les italianismes y fourmillent, et » vous voulez nier la réalité du titre? » Tout cela est vrai; mais il est de fait que Mgr Alfieri n'a jamais publié en italien le *Précis*. Remarquez bien que, lorsqu'on veut duper son monde, il est très-facile de s'habiller à l'Italienne, à l'Espagnole, à l'Allemande, ou de toute autre manière. Remarquez aussi que nous ne disons pas: ce *Précis* n'a jamais été écrit en Italien. Nous soutenons seulement que Mgr Alfieri ne l'a jamais publié en Italien; nous croyons pour notre compte, qu'il est impos-

sible qu'une élucubration si légère , si peu soignée , de si mince contenu , si remplie de choses banales et si vide de preuves , sorte de la plume d'un ecclésiastique que M. Vatar appelle *le plus savant prélat italien dans la question si controversée du plain-chant.* Il nous paraît impossible , par exemple , qu'un prêtre attaché à la cour romaine place notre Séminaire à Louvain , (p. 27.) au lieu de le placer dans la ville Archiépiscopale de Malines. Il nous paraît impossible qu'un homme de cette position ne soit pas mieux renseigné sur le diocèse dont il s'occupe dans sa brochure.

87. Parcourez le *Précis* tout entier; qu'y trouvez-vous, outre ce que nous avons déjà fait connaître ? Vous y rencontrez depuis la page 27 jusqu'à la page 40 , une masse de considérations sur l'emploi du dièse , sur l'harmonie dans ses rapports avec la mélodie , sur l'accompagnement du plain-chant , considérations qui ne révèlent que des connaissances extrêmement superficielles, pour ne rien dire de plus, ou plutôt pour ne rien dire de moins. Tantôt on serait tenté de dire au rédacteur du *Précis* : « Mais , mon bon Monsieur, en êtes-vous encore-là ? en Belgique, plusieurs personnes en étaient à ce point il y a quinze ans. » Tantôt on nous y parle de mélodies formées d'après les modes grecs et *susceptibles d'une basse fondamentale qui admette une harmonie juste* (p. 31.). Comprenne qui pourra ! Tantôt on y trouve des arguments tirés de la manière d'accompagner le plain-chant, arguments qui prouvent à l'évidence que celui qui s'en sert , n'a pas seulement le premier mot de l'accompagnement du chant diatonique. Tantôt (p. 50.) on y admire la messe de Dumont du 1er ton , messe que ceux qui savent ce que c'est que le 1r mode grégorien , appellent tout bonnement une messe en musique moderne écrite en *ré mineur* et imprimée en notes carrées. Mais enfin on a dit du 1er *ton* ; on avait certes des raisons pour ne pas dire 1er *mode*.

88. Nous voudrions que M. d'Ortigue ou M. de la Fage voulussent s'abaisser un jour jusqu'à dire leur

manière de voir sur ce *farrago* de notions confondues et de mots qui hurlent de se trouver ensemble ; nous voudrions voir ce qu'ils diraient d'énoncés comme celui-ci : « En employant le dièse....... *nous ôtons seu-*
» *lement par là à la mélodie sa dureté, et nous la rendons*
» *plus agréable à l'oreille.* » (p. 28), ou comme celui-ci :
» *Ceux qui entendent le chant ne pensent qu'au plaisir qu'il*
» *leur cause, et non au nom du mode qu'on lui donne.* »
(p. 31), ou bien encore comme celui-ci : (p. 59)
« *Un grand nombre de connaisseurs des différentes nations*
» *auxquelles je les ai fait entendre* (les hymnes de l'auteur
» du *Précis*), *n'ont point hésité à leur donner la préférence,*
» *par cette raison qu'elles satisfont d'avantage à l'oreille,*
» *en apportant à l'âme une pieuse jouissance.* » Des théories d'un sensualisme si grossier nous vaudraient probablement quelques belles pages comme ces deux auteurs savent en écrire, lorsque, dans un style plein de verve, et d'entrain, il leur arrive d'en donner sur les ongles à ceux qui se mêlent de ce qu'ils ne connaissent que superficiellement ou pas du tout.

89. Et ce serait Mgr Alfieri qui serait capable de lancer dans le monde des énormités de ce genre ? Ce serait lui qui s'amuserait à faire entrer dans son *Précis* les lieux communs déjà beaucoup trop rebattus des larmes que S. Augustin répandit à Milan, des coups de fouet distribués par S. Grégoire selon la relation de Jean Diacre, de Petrus et de Romanus se rendant l'un à Metz l'autre à S. Gall, des vers ayant trait aux

« Neumarum signis, erras qui plura refingis, »

des *litteræ significativæ* de Romanus, citées par S. Notker-le-Bègue, des lignes, lettres et couleurs, employées par Gui d'Arezzo, et mille topiques de ce genre, auxquels il est devenu de mode, comme le remarque quelque part M. de la Fage, de consacrer au moins deux pages lorsqu'on en écrit seulement quatre sur la question du plain-chant ? Jamais nous ne pourrions le croire.

90. Et pour donner un dernier échantillon de ce que c'est que le *Précis,* voici les naïvetés que l'auteur y dé-

bite du ton le plus sérieux, page 46 et suivante : « Plu-
» sieurs mélodies du plain-chant ont gardé leur barbarie,
» et personne jusqu'ici ne s'en est aperçu. Qu'on prenne
» une mélodie entre tant d'autres, et l'on verra quelle
» altération on a fait souffrir à la prosodie. Par exemple,
» la suivante des secondes Vêpres de plusieurs martyrs :

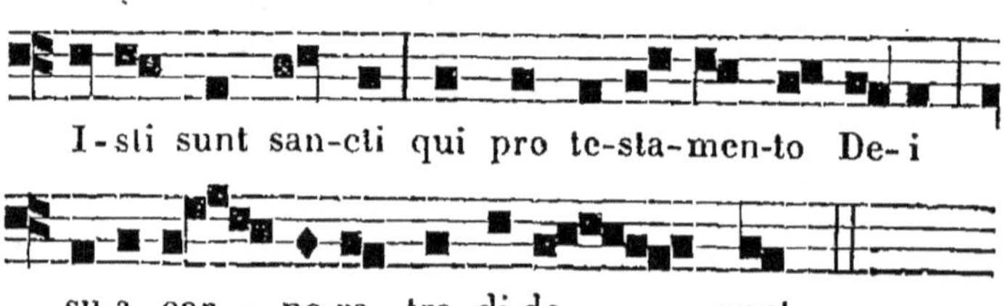

» A la parole *Isti* il y a une note de trop, car nous
» prononçons *isti*, et non *istii*; de même à *Dei*, puisque
» nous prononçons *Dei*, et non *Deei*; de même encore à
» *corpora*. et non *corporaa*; enfin à *tradideruunt*, au lieu
» de *tradiderunt*. Ce défaut se retrouve dans presque
» toutes les cantilènes, où rarement on prononce *Domine*,
» mais *Dominee*; *fidcem*, au lieu de *fidem*; *regnaa*, au
» lieu de *regna*, et milles autres paroles qui, par l'adjonc-
» tion d'une ou plusieurs notes, perdent leur prononcia-
» tion naturelle. »

Quel bonheur que l'auteur du *Précis* soit enfin venu
au monde, pour découvrir ces *barbaries* dont *personne
jusqu'ici* ne s'était *aperçu!* C'est vraiment ravissant de
simplicité ! Seulement l'auteur de ce beau système ne l'a
pas appliqué en entier à la pièce précédente. Il aurait,
suivant ses principes, encore dû faire remarquer qu'on
prononce *testamento*, et non *testaameentoo; corpora*, et
non *cooooorporaa; tradiderunt*, et nullement *tradideeecece-
ruunt*. En y allant de cette façon-là, il n'y a qu'à dire
que le chant doit être partout et toujours syllabique,
c'est-à-dire, que le nombre des notes ne peut pas excéder
celui des syllabes du texte.

91. Mais il est temps d'en finir. Certes nous eussions bien voulu n'avoir pas à nous occuper de tout cela ; nous eussions mille fois préféré garder le silence sur tout ce soi-disant mouvement liturgique de Rennes. Il nous eût été beaucoup plus agréable, et beaucoup plus conforme à nos goûts, de ne jamais avoir eu à prononcer devant le public le nom de M. Nisard, ni à deviner celui du traducteur d'un prétendu opuscule romain. Mais la nécessité absolue d'une défense légitime nous a empêchés de nous taire. « *Nec forte dicat aliquis, nos hoc opus propter arro-* » *gantiam vel forte propter propriam tantum commodita-* » *tem incepisse, sed vere propter evidentem necessitatem.*

In prologo artis cantus mensurabilis editæ a Magistro
Francone Parisiensi. Apud Gerbertum, T. III. p. 2.

Malines, le 23 Août 1856.

Imprimatur.

Mechliniæ 28 Augusti 1856.

J. B. VAN HEMEL, Vic. Gen.

TABLE.